NUMBER 641

THE ENGLISH EXPERIENCE

ITS RECORD IN EARLY PRINTED BOOKS
PUBLISHED IN FACSIMILE

WILLIAM BARLOW

A DYALOGE DESCRYBYNG THE ORYGYNALL GROUND OF THESE LUTHERAN SACCYONS

LONDON, 1531

WALTER J. JOHNSON, INC.
THEATRUM ORBIS TERRARUM, LTD.
AMSTERDAM 1974 NORWOOD, N.J.

The publishers acknowledge their gratitude to the Curators of the Bodleian Library, Oxford, for their permission to reproduce the Library's copy, Shelfmark: Crynes 881

S.T.C. No. 1461

Collation: a-z$^{4(-1)}$

Published in 1974 by

Theatrum Orbis Terrarum, Ltd.
O.Z. Voorburgwal 85, Amsterdam

&

Walter J. Johnson, Inc.
355 Chestnut Street
Norwood, New Jersey
07648

Printed in the Netherlands

ISBN 90 221 0641 1

Library of Congress Catalog Card Number:
74-80161

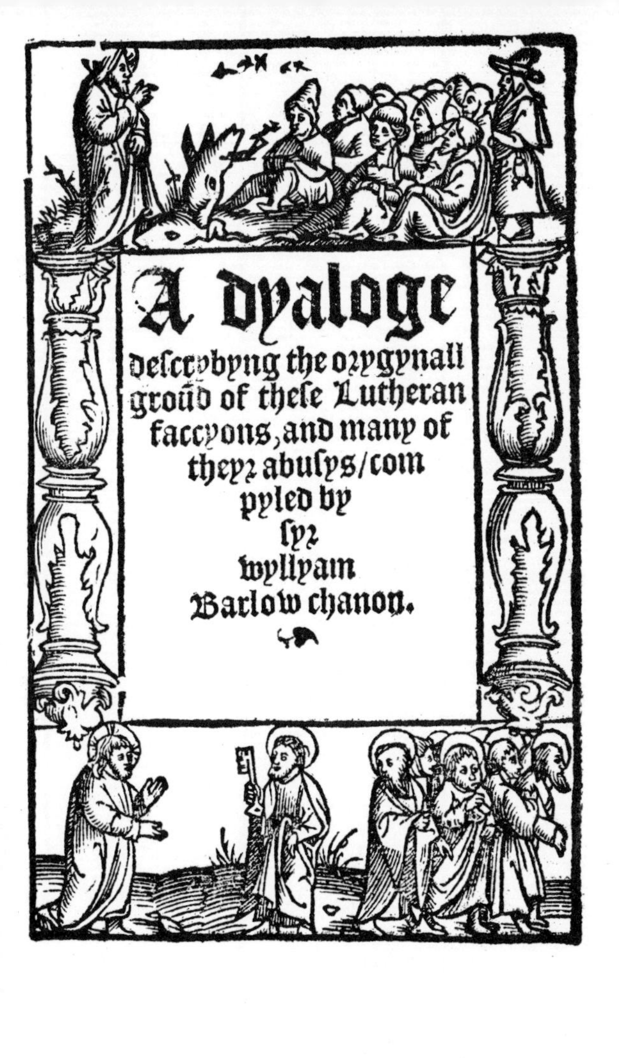

A dyaloge

deſcrybyng the orygynall
groũd of theſe Lutheran
faccyons, and many of
theyr abuſys / com
pyled by
ſyr
wyllyam
Barlow chanon.

¶ To the reders.

¶ Grace from god the father,
and from our lorde Jesu
Cryste, wyth the assy-
stence of the holy
goste.

∴

WHere as I cõsyder
O crysten reders,
the daũger of wry
tyng in ye pyllous
season of these latter days, lar
gely depaynted by sait Paule
euen as it ꝓuyth now in dede/
that certayne persons departe
from the faypth, and gyue hede
to dysceytfull spyrytys and de
uelysh doctrine, through simu
laciõ of fals wordis/by whose
meanys it ys come so to passe,

 that

that a lytle fawte ys not onely
taken to the worste / but what
so euer ys well done, spokē, or
wrytē, ys oftymys interpretyd
amysse: no maruell though I
so vnlernyd greatly abash to
put my selfe in ieopdy of these
rauyshynge wolfys & pytyles
fowle murtherers, whych byte
wyth theyr teeth & prech peace
with theyr tongys/seyng that
famous clerkys of pregnante
wyttys, of excelēt erudycyon,
& synguler vertew, haue so ly
tle auayled i wrytyng agaynst
theym: not that these new te=
chers of auncyent heresyes, &
late auctours of old inueterat
scysmys, ar so ꝑfound in know
lege of scryptures, eyther so in
uyct of resonable argumētys,
that they haue not bene many
tymys

tymys ouercome as theye be
dayly vāqueſſhyd/but becauſe
of theyre ſhameles ptynacyte,
where as theye be proſtrate &
lye grouelyng vppō ẏ groūd,
dyſtytute of reaſone, voyde of
good argumentys, & wythout
any fence of treuth/thē ſtrogle
they to woorey men wyth wor
dys of conuycyous malediccy
ons and ſedycyous ſlaūders,
not afrayd to dyſpyce theyr ſo
uerayns wythowte regarde of
theyr power, contemnynge all
auctoryte contrary to the do=
ctryne of ſaynt Peter, ſayng:
Be ye ſubgect to euery mā for
our lordys ſake/vnto ẏ kynge
as chefe, and vnto the gouer=
nours as to thoſe that are ſent
by hym for the ponyſſhment of
the euyll & rewarde of the well

 doers

doers: for so is ye wyll of god, that doyng well ye may stopp the mouthys of folysh and ignorant people, as free and not as a colour hauyng the lybertye of malyce, but as ye seruauntys of god. Notwythstandyng in theyre solempne prefacyes and payntyd tytles of theyr errous / they begynne wyth dulcet salutacyōs of glosyng perswasyons, vnder the pretence of a godly zele / oftymes repetyng the worde of god, the gospell of Cryste, hys promyses, hys charyte &c. whereby they wolde pswade to rude people / that what so euer theye wryte or teche, are the same thyngys be the neuer so contrary / euen as the comen sorte of vngracyous wretchys do, whych in tel

lyng

ling lyes & report of slaūders, will call into theyr recorde the trouth of god, the holy euange lystys, the blessyd sacramētys, and all the mysteries of our be leef: not for any faythefull re= uerence towarde them / but to thētent that they myght be bet ter beleuyd in theyr falsehod.

Many thyngys whyche are put forthe vnder the tytle of ye worde of god, ys not hys trew word in effecte/nomore thā all those whyche bere the name of crysten men, be not all crysten men in trouth & dede. Man ly uyth not onely by brede sayth, scrypture, but in euery word yt comyth owte of the mouthe of god. Mark here cristen reders the worde that procedyth owt of ye mouth of god/to ye whych

we

we oughte nother to adde, nor
to take any thyng away from
yt. Arrius, Pelagius, Mani-
cheus wyth ſuch other, whom
the more parte of theſe ſectys
confeſſe to be heretykys/dyly-
gentely layd the worde of god
for them, but not owte of hys
mouth: for they applyed it by
wrong interpretacyons to the
ſettyng forthe of theyr hereſy-
es, and not to ye glory of god.
Saynt Paule helyd ſyk folk/
& draue the wykked ſpyrytys
from them that were poſſeſſyd
through goddys worde in the
name of Jeſu/whoſe doyng ye
chylderne of Sceue aſſayd to
cou̅terfete wyth lyke wordys:
to who̅ the ſpyryte anſweryd:
I know Jeſu and Paule, but
what ar ye? and ſo greuouſly
aſſaw-

assawtyng them he preuayled agaynste theyr presumpsyon. ¶The aged prophet of Bethell, by whose dysceyte the man of god sent out of Juda to Jeroboham was slayne: allegyd ye worde of god. ¶The false prophete Sedechias wyth hys cōpany.iiii.C.in nomber, falsely promysed kyng Achab vyctory to hys destruccyon / layeng for theyr auctoryte the worde of god. Ananias resysted the trew prophete Jeremye / prophesyeng to the captyue Israhelytys lybertie and sone delyuerance of theyr bondage, causyng them to trust in hys leasyng, whyche he sayd was the worde of god. And generally all other false prophetys bostyd theym selfys to be sente of

b god,

god, & cā to preche hys trouth, whom he neuer dyd sende / as he wytnessyth with hys owne mouth in diuers placys of the byble. Furthermore all suche as occupy inchaūtmentis, coniurers, & wytches, in theyr busynes wyth many cerymonies reherse the worde of god. Also our sauyour cryste sayth that many shall come in hys name sayng: I am Cryste, and they shall dysceue many / but how? surely in perswadynge ỹ theyr doctrine ys goddys word / and that they be hys messengers, hys anoyntyd sonnys and specyall prophetes. So dyd Symon Magus delude the peple of Samary, affermynge ỹ he was Cryste. Lyke wyse Machomete namyd hym selfe the

great

great pꝛophete of god. And all
othere heretykys comenly in
foꝛtefyenge theyr abhomyna=
ble hereſyes, allege the woꝛde
of god & euangelyke veryte,
accoꝛding as Martyn Luther
wyth the hole rable of hys ad=
herētes do dayly pꝛactyſe. But
what auayleth yt to recyte the
woꝛde of god, yt we interpꝛete
yt by a falſe peruertyd ſence?
what auauntage ys yt to ſay
Loꝛd Loꝛde, and do not as he
comaũdyth vs? He yͭ ſaythe J
knowe god, and obſerueth not
hys commaundementys / ys
a lyer, and there ys no trothe
in hym. The pharyſeys dyſcy=
ples ſayd to Cryſte: Mayſter
we knowe yͭ thou arte a trewe
ſpeaker, & thou teacheſt yͤ way
of god in trothe/yet thought

they nothynge ſo in theyr har-
tes. what thyng ys more eaſy
for theſe new teachers, thā in
blaſynge theyr auctoryte / to
ſay that theyr doctryne ys the
trewe worde of god, and that
they haue hys ſpyryte: where
as they admitt no interpretaci
on of ſcripture but theyr own/
in ſo moche that they reiecte
parte of the byble becauſe yt
ſeruyth not to theyr purpoſe.
Concernyng yͤ determynacyō
of generall councellys, & auc-
toryte of auncyente doctours
of the churche/they vtterly cō-
temne, except in few thynges
whereowt they gather ſentē-
cyes / whyche falſly deprauyd
& othere whyle changed clene
contrary to the auctoures in-
tent/they make to ſerue in co-
louryng

louyynge theyr heresye. How shall wee then knowe whether they be the ryght preachers, & theyre doctryne the worde of god or no? Trewly Cryste geuyth vs a rule infallyble, sayenge: By theyr frutes ye shall knowe theym. A good tree can brynge forthe no euyll frute, nor a badde tree cane brynge forthe no good frute. And they whych here the worde of god wyth an ernest and good hart/ they holde yt faste, bryngynge forthe frute in pacyence. Also saynt James descrybynge the expedyent condycyon of crystẽ prechers and heuenly lernyng sayth: who that amonge you ys wyse endued wyth cõning/ lette hym shew hys good workes out of a good conuersaciõ

 wyth

wyth softenes of wysdome. If ye haue sower hatred and varyaunce amonge you in youre harte / wyll not ye reioyce & be lyers agaynste the trothe ? for thys ys not the wysdome comyng frō aboue, but yerthly, bestyall & deuelysh. where as ys enmyte & contencyon / there is incōstancy and all noughty doyng. The wysdome ỷ descēdyth from god ys furst chaste, and so peasable / mylde, treatable, full of mercy and good frutys, wythout any mysdemyng or dyssymulacyon. Now to compare these frutys vnto the actys of these Lutheran faccyons / ye shall finde a farre differēce. wherfore seyng that by longe experyence I haue perceyuyd the fassion, maner, and order

order of all statys among the,
& was no small whyle conuer-
saunt wyth those whych are of
hyest reputació, both for theyr
sobernes of lyfe and fame of ly
terature: I haue thoght yt ne
cessary for the discharge of my
conscyence, & informacyon of
other / playnly to shew the ve-
ryte as I haue knowen, wyth
out hatred of them or fauoure
of any other ꝑsons: whych to
ꝑforme I haue here cõpplyd
thys lytle processe folowyng,
vnder the forme of a brefe dya
loge. wherein though ye shall
rede some thyngys so strange
for the enormytees of them, yt
diuers men, namely the fauou
rers of these sectys, wyll iudge
them vnlykely of trouthe, and
halfe impossyble to be vsyd a-
mõg

mōst resonable people endued
wyth any wysdome or lernig:
yet are they matter in dede, ac-
cordyng as ye shall see vnfay-
nydly declared. And be ye full
assured that I reherse not by a
great parte all the abusys ma
nyfestly knowen by thē/nor so
many as I coud shew: which
god wyllyng hereafter in pro-
ces of tyme may be dysclosyd
more largely. A great occa
syon why ẏ many be so feruēt
in fauouryng thys Lutherane
doctryne/ys the vayn prayses
of much people comyng from
thence, reporting that there is
so good order, such charytable
lyberalyte, and euangelyke cō
uersacyon, whych ys all to ge-
ther false. And dyuers of such
tydyng cariers, lest they might
seme

seme ignorante in a few thyn-
gys / they frame theym selfys
wythowt shame to lye in ma-
ny. It ys harde for a renegate
frere, a faythelesse apostata, a
forlorne copeman, a marchaũ
tys prẽtyce, or ã embassatours
hostler/hauyng lytle lernyng,
lesse dyscressyon, small deuocy
on, and scant a curtesy of wys-
dome: to make trew report in
such matters. And yet ar there
of them which make thẽ selfys
full besy/and ar as redy to tell
that they know not as yͤ that
they know, accordyng as they
fele theyr affeccyons desposyd
whom they couet to please: by
whyche meanes they attayne
hye cõmendaciõs, made much
of, & ar callyd prety wyse mẽ &
prop ꝑsõs, wyth many godd

 bles

blessyngys vppon theyr hartys. Such ys the madnes of ŷ world and folysh appetytys of people, p̄ferryng theyr corrupt affeccyons before ryghte iugemēt and testymony of theyr conscyence. Trothe yt is that ŷ Germayns of old antiquite, haue deserued specyall lawde for theyr playnes in word and dede voyd of dyssymulacyon, & for theyr homely famylyary te wythout accepciō of p̄sons/ in whyche vnto thys day they excell other nacyōs: wherof ŷ originall cause many falsly do ascrybe to thys Lutheran doctryne, beyng dowtlesse merueloulsy decayd through yt/so ŷ trew playnesse was not wont to be so scace there among scāt good liuers, as frawdis begin

now

now to be plenty among theyr
new goſpellers. wherefore
(cryſten reders) I exhorte you
all ꝑcyalyte ſett a parte/to fyx
your ſelfe vppon the lyuynge
worde of god whych may ſaue
your ſowlys, and walk dyrect
ly after yt/ bowyng nother on
the one ſyde nor on the other.
I mene not that fleſhly word
nor theyr goſpell whych ſay:
ye haue no fre will, your good
deedys ſhall not ſaue you, nor
your yll dedys ſhall not dāpne
you, yͤ ſacramentys of yͤ chirch
be nothing of neceſſite, ye nede
not to be confeſſyd to a preeſt,
ye are not bownde to obey the
lawes of yͤ chyrch &c. but that
trew worde of god & very goſ=
pell of our ſauyour Cryſte / of
whoſe furſte ſermon the ante=

theme was thys: Doo ye pe-
naũce for yͤ kyngdome of god
ys at hande. And at hys laste
farewell frõ hys dyscyples he
affermyd yͤ same, sayenge yͭ in
hys name yt behoued penaũce
to be preachyd in remyssyon of
synnes: whych maner of prea-
chyng the apostles after his as
sencyon obseruyd, cõtynually
exhortyng the people vnto pe-
naũce and to the drede of god/
whyche ys the begynnynge of
wysdome, the inseperable com
panyon of penaunce, & necessa
ry introduccyon to fayth. ¶The
worde of god bryngyth forthe
penãce/ accordyng as we rede
in the actes of thapostles .3. yͭ
at saynt Peters preching they
were compuncte in harte, and
offred them selfe to penaunce.

¶This

Thys unfayned penaunce leadyth men to faythe, and is the ētre to the gospell. Mar. 1. Do ye penaunce sayth Cryste, and beleue ẏ gospell. whych belefe can not be attayned wythoute the drede of god. For it is the fulnes of scyence/whereby we cōe downe fyrst to know oure self/ & so ascēd to ẏ knowlege of god by hys word, whereout through heryng fayth taketh her effect. The maiestie of god dis worde is of that nature/to prostrate the presumpcyon of mannes wysdome & affyaūce in our selfes, exylyng thaffecciōs of carnall liberte, & mouing vs with a redynes of mynde & certayn trymblyng fere to say with saynt Paule, Lord what wyllest thou vs to do? Thys

 reue

reuerent drede had Cornelius Centurio, whã the ioyfull messenger of god apperede vnto hym/to whõ with fere abasshed he sayd: Lorde who art thou? in whose commendacyon it is wryten there, Actorum.10. that he was a deuout man & dredyng god. Likewyse Luce.3. the shepe herdys whan ye angell of glad tydynges appered to them, & ye brightnes of god shone roũd about thẽ: hauyng thys drede were astonyed in them selfys/ to whõ the angell spake: Be not afrayd / lo I shew you gre at ioy yt shall be to all people, for there is borne a sauyoure whych is Cryste our lorde. In Exodo it is wryten.14. the peo ple feared god, and so be leued hym & hys seruaunt Moyses.

And

And they yͭ dꝛede god ſaythe
the wyſeman/ſhall not be vn=
faythefull to hys woꝛde. Alſo
ſaynte Johan reherſeth in his
Apocalypſe ſayng: J ſaw an
angell fleyng by the myddys
of heuen, hauyng yͤ euerlaſtig
goſpell / that he ſhulde pꝛeche
to the dwellers vppon yerthe,
& to euery nacyon, ⁊ trybe, and
tonge, and people/ſayng with
a great voyce: Feare ye god.
But now comith the angell of
Sathan wyth hys idle iuſtify
cacyons and vayn pꝛomyſes/
clene contrary perſwadyng yͭ
we nede no woꝛkis of penaũce
noꝛ ſatyſfaccyon foꝛ oure ſyn=
nes, ſyth Cryſte hath ſatyſfied
foꝛ vs all redy/onely to beleue
is inough, wythdꝛawyng peo
ple frõ the godly dꝛede. Nowe
beyt

veyt leste hys dyscceyt shuld be easely percepued: he transfy-gureth hym selfe in to a trewe angellys lyknes/sometyme te chyng vertuouse maners, bro therly charytie, therample of Crystes actys & oure nedefull accōplyshment of thē / wherin he wold seme to profite a few, to theintent he myght begyle many. And dyuers of hys dys-cyples coūterfeyting the apos-tles fasshyon: otherwhyles al-lege scryptures in theyr ryght sencyes, wyth ẏ same deuowte syncerytе that Sathane hym selfe dyd in temptynge Cryste whē he sayd to him: God hath cōmaunded hys angellys &c. whych was ẏ very scrypture truely recyted all though to a wronge purpose. But where

as

as he in his owne persõ cowld
not ouercome Cryſte our hed:
he ceaſſyth not to ſupplant vs
hys cryſten members by hys
fals dyſcyples/& ys lyke ſtyll
to pꝛeuayle (our merytes de-
ſeruing yͤ wꝛath of god) except
he of hys infynyte goodnes &
gracyous pyte, vouchſafe to
reconcyle vs agayn vnto hys
fauoure & be our pꝛotectour:
whoſe mercy ys yͤ onely ſtaye
that we be not all conſumyd.
Therfoꝛe lett vs dꝛawe nere
wyth confidence to the thꝛone
of grace/yᵗ we may gett mercy
and fynde grace to helpe vs at
nede/contynually hauynge in
our remembꝛaunce the voyce
of the angell ſayeng: Fere ye
god/and gyue hym honoure,
foꝛ the houre of iugement cõ-
meth.

myth. And woꝛſhyppe ye hym
that made heuen and
yerth, the ſee, and
fountayns of
waters/
to
whom be pꝛayſe foꝛ euer
wythowte end.
Amen.
Fare ye well.

Nycholas. Wyllyam.

Now welcome good brother frō parties of beyonde the ſee. Wee haue ſore longyd for your ſafe retorne / hoppynge to here ſome newes from oure euangelyke brotherne of Germany, and in what maner the goſpell dothe proſper there ⁊ go forwarde. ☞ W. Syr I thanke you for your welcomynge. How beyt concernyng your deſyre, to be certefyed of them whō ye call euāgelyke brothern: I aſſure you vnfaynyngly that I lyke theyr maner euery day worſe ⁊ worſe. ☞ N. what haue ye ſo ſodēly chāged your minde, and begynne now to fall from

the goſpell forſakyng goddys
worde : ☞ W. Truly I haue
chaunged my mynde from er=
rours and wrong oppynyōs/
but neuer entendyng to renye
goddys worde or Cryſtes goſ
pell : wherof as farre as I cā
perceyue they be deſtitute and
mych wyde. ☞ N. To proue yͭ
it were impoſſible/ſeyng ye cā
not denye but that they haue
Cryſtes goſpell in theyr vul=
gare ſpeche iprēted, fre for eue
ry body to loke vppō/ wyth cō
tynuall exercyſe of euangelyk
preachyng of goddys worde.
☞ W. In very dede they haue
the exteriour letter, with ſome
outwarde apparaunce of ʒele
towarde it. But for all that as
towchyng an euangelyke lyfe
or a cryſten cōuerſacyon, with
fayth

faythfull frutys behouable to
yͤ ſame: they be neuer a deale
nerer in effecte than were the
Iewes, whyche wolde haue
made Cryſte theyr kynge/ not
for any ſyncere loue that they
had to folow him in vertuous
lyuyng, or for reuerẽce of hys
godly worde/but onely in that
they thought he wold haue ſa
tiſfied theyr carnall appetitys
⁊ ſedycious affeccyons: wher
of to be auctour he was after=
ward wrongfully ſuſpect/euẽ
as we ſee now adays hys goſ=
pell euyll ſpokẽ vppõ thorow
the ſlaunderouſe behaueoure
⁊ wykked demeanoure of thẽ,
whom in contempt of good pe
ople ye call euãgelyke ⁊ cryſtẽ
brothern/auauncing them ſel
fys to be onely the trewe folo=

 wers

wers & obseruers of Crystes gospell/where as theyr liuing manyfestely repugneth. So ye after my iudgemente the chefe captayns of them may be lyke ned to Theudas & Judas: act. 5 whych vnder a colour of Messias comyng the very sauiour and redemer from all bōdage/ whose offyce wrongfully vsur pyng by false promyses of lybertie/peruerted much people of the Jewes for to folow thē, to theyr vtter vndoyng and fy nall destruccyon. ☞. These sedycyouse persons to applye vnto Martyn Luther and his folowers/is bothe agaynste ye trothe & witnes of your owne consciēce yf ye duely examyne yt. For it is playne that thys Theudas & Judas, of a presum

sumptyous affeccyon and vn
quyetnes of mynde/wythoute
auctoryte of goddys worde or
preferrement of hys honoure,
sedycyously moued the people
to folow thē & not god: where
as Martyn Luther with such
other euangelyke prechers, a=
uaunce not presumptuousely
them selfes but god onely/nor
ther perswade the people to fo
lowe them but Criste: whose
gospell longe season obscured
by mennys tradycyons, they
labour to bryng vnto lyght/&
to restore the captyued conscy
encys of ignorante folke vnto
the fredome of goddes word/
whereof myche people nowe
a dayes are no lesse desyrous
than the Jewes were of theyr
delyueraunce of bodely capty
uite

uyte. ☞ .xv. To answere you in thys poynt, I dout nothing but thys Teudas and Iudas pretendyd to the peple (whom they fynally dysceuyd) ẏ auctoryte of god / and ẏ they were specyally sent of him for theyr deliueraũce / shewing some coloured apparẽce vnto ẏ same: Lyke as Martyn Luther in ẏ begynnyng pretended a merueilouse zele & tender affeccion towarde the blynde ignoraũce of people, for to reduce theym vnto ẏ clerenes of knowlege / shewyng such a feruẽt spyryt, that he was iugged to be syngulerly chosen of god nowe in these latter days, for a dew reformacion of the hole worlde.

But consyder to what open myschefe hys secrete malygnyte brast

te brast forthe at last/and how
many thousandys by occasyō
of hys doctrine haue perysshed
& dayly perysshe bothe in body
and sowle: whereof to haue a
forther declaracyon yf ye wyll
here me wyth pacyēce/I shall
so describe vnto you ỹ fassyon
of hym and of hys adherētys,
that ye may euydētly know yͭ
they ar no dyscyples of Cryste
but of Antycryste, no trewe
doctours but fals dysceyuers
no apostles but apostatas and
patrons of peruersyte. N.
Now I beseche you thē to pro
cede on youre purpose, decla=
ryng it at length: and I shall
gladly gyue you the herynge
without interrupcyon/trustīg
verely that all parcyalyte set a
parte, ye wyll shewe the very

trothe accordynge as ye haue
perfitely known by experyẽce.
And thus doyng ye may setle
many mennis hartis at rest in
this troublous season/ so sore
encombred wyth contẽcyons
and sondry oppynyons of ler
ned men / that they cã not tell
what party they maye beste
lene vnto.☞ ω.Syr furst of
all I protest here, ỷ I entende
to speake no forther than I
haue perceyued among them
my selfe/or els perfytely en=
formed by credable persons,
of whose certifycaciõ I ought
to haue no mystrust. wherfore
for to go vnto my purpose,
ye shall vnderstande that this
Martyne Luther cheefe cap=
tayn of new heretykes, & brin
ger forth of old heresies/was
a frere

a frere auguſtyne in the cite of
wyttenberge, vnder yͤ domini
on of Frederyke duke of Sax
ony. which duke opteyned a
perdon fro Rome for the byl=
dig of a certayne college there
within his own pallace, wher
of Martyn Luther was a gre
at ſetter forwarde / vntyll the
tyme that thyder came a Ju=
belye from the pope, dyſanul=
lyng the dukes perdon amōg
other for a ſeaſon: wherwith
Martyn Luther not a lytle of
fended, endeuoured hym ſelfe
to preche agaynſt it. And ſone
after he putt forthe in prynt a
treatyſe De indulgentijs, inueyng
agaynſt the graunt of ꝑdons:
how be it ſo cloſely, yͭ he was
ſuppoſed not to haue condem
ned the auctoryte but onely yͤ

abuse/whych to say the trothe
was to farre owt of frame in
yͤ prouynce. And also he tooke
in hand to preche yͤ playn tex
tes of scrypture/ dysclosynge
the blyndenes of the worlde &
detectyng yͤ fautys of all esta=
tes bothe hyghe & lowe, spy=
rytuall and temporall/ vnder
suche moderacyon yᵗ he was
taken for a prophete of god a=
monge them/ & grewe in esty=
macyō of yͤ peple dayly more
and more. Not wythstādynge
he pretendyd to take no parte
wyth any secte other faccyon
of heretikes, as wicklyf, Hus,
Berengarius, & suche other
whom he vtterly cōdemnyd/
dyssalowing the Boemes, be
cause they sepatyd thē selfys
frome the churche of Rome/
con=

cōstantly affermyng the pope
to be Crystys vycarye. Thus
he playd ẏ woolfe in a lābys
skynne a while secretly/tyl his
frutes gaue euydēce & openly
bewraid what he was in effect
For shortely after he alteryd
his mynde & reuokyd ẏ he had
spoken before/wysshēg all his
bookys that were emprynted
to be burnyd & vtterly destro=
yd. Then begane he stowtly to
fortefy his feyned fayth voyde
of good workys/perswadyng
lybertye and assurāce of sal=
uacyō/to ẏ defacynge of cha=
rytable dedes and suppressyō
of ẏ drede of god. Then pre=
ched he pleasante thyngys to
hys audyence / howe no man
was bownde to confesse hym
vn to a prest nother to obserue
the

ꝥ prescrypcyon of prelates a=
bowt fastyngys & excepció of
meete and drynke and that no
persó nedyd to payne hym self
with workes of satysfaccyon
whyles Cryste had payed y=
nowgh for vs all/Also how
cóstytucyóes of Popes & bys=
shoppys bynde vs nothynge.
Then all hys sermones were
agaynste ꝥ cleargye/callynge
ꝥ Pope Antychryste, & hys fo=
lowers dyscyples of Sathás
synagoge/in whose defyance
he made a booke intytled / *de
Captiuitate Babilonica*, full of con=
uycyous furyes and ragynge
blasphemy agaynst the blyssed
sacramentes/preferrynge hys
owne iugemét aboue the holy
doctoures of the churche. And
where as he had wytnessyde
before

before/that wicklyfe, Hus, Be
rengarius, & ſuche other were
heretikes: than he ſayde that
they were godly men and ſain
tes callynge theyr condēpners
Antecryſtes and lymmes of yͤ
deuyll. Furthermore to bryng
kynges prynces & temporall
gouernours in contempte of
their ſubgettes: he ſpared no-
ther by prechyng ne techynge
to rayle agaynſt thē/ ſomtyme
preuely where he durſt not diſ
couer hys malyce for feare of
dyſpleaſure/ and ſomtyme a-
pertely there as he thought
hym ſelfe in no daunger of thē
on whom he rayled: as wyt-
neſſe the letters of cōſpyracye
whyche he craftely forged to
deſtroye the duke George of
Saxonye.

Alſo

Also the outragyous treatyse
that he wrote agaynst the kyn
ges hyghenes both in latyn &
duch/so shameles and sedycy-
ously, that it is not onely con-
demned of good men/but also
abhorred of hys owne adherē
tes. yet all thys whyle he for
bare the comons & uplandysh
people/and encouraged them
to note other mennes vyces ra
ther than to amend theyr own
fawtes/alleggyng oftē tymes
unto them, tyrany of pryncės,
oppressyō of the clergye, wyth
other manyfold myseries and
wretched calamyties, whyche
he sayde they were wrōgfully
compelled to suffer. whereby
wythin smalle pcesse of tyme
they toke such a stomake/that
the drede of god and man sett
a syde

a syde, they arose vppe wyth
open sedycyone in dyuers par
tyes of Germanye aboue the
nombere of an hundred thou=
sande persons / in suche a furi
ous fasshyon, that euery man
all moste stoode in feare of his
lyfe. wherfore M. Luther per
ceyuynge no small ieoperdye
toward hi through theyr insur
reccyon / because the occasyon
of yt was layde to his charge
as yt was in dede : immediat=
ly to shyft hym selfe from sus=
picion and daũgerous displea
sure of yͤ prynces & great men /
he wrote hastely a boke voyde
of all Christẽ charyte and na=
turall compassion, against the
sayde comones or vplandysshe
people / so extremely yͭ it wold

 abhorre

abhorre an hethē harte to here
or rede yt / enforcynge euery
man wythoute any respecte of
pyte, to kyll and slee theym as
houndes : of whom were my-
serably slayne in oneplace and
a nother, aboue .iii. score thou
sande ꝑsones / ỹ resydue beyng
now a lyfe in farre greater my
sery ⁊ calamyte than euer they
were afore. After thys fell a
dissencyō betwene M. Luther
and Carolstadius aboute the
sacramente of the altare. For
Carolstadius denyeth in it the
bodely presence of Christe / af
fyrmynge that when he spack
thes wordes : *Hoc est corpus meum*,
he meant thē of his owne cor-
porall bodye and not of the sa
cramēt : where as M. Luther
holdeth the contrarye / all beyt

he be

he beganne to fall from yt as
his owne wꝛytynge testifieth,
had he not ben p̄uẽtyd by this
Carolstadius / whom the wyc
ked arrogãcy of his stomake
could not suffer to be auctour
of so hye an heresie, wherof he
couetyd hym selfe to haue ben
father. This variaunce endu
rynge betwyxe them: dyuers
foꝛsoke M. Luther ⁊ leanyd
to Carolstadius syde/ ⁊ many
malicious letters fraudulẽtly
foꝛged were conueyde frome
the one to the other wyth calũ
nyous pꝛechynges/ ye ⁊ when
they met to gether, moꝛe redy
wyth fystes than wyth pacyẽt
argumẽtes to trye theyꝛ cause
had they not bene sonderyd.
Not wythstange thꝛough fa
uour of the duke and other va

 liaunte

lyaũte frendes/M. Luther so
p̃uayled agaynste hym that he
was excomunycate: & beynge
a man of auncyent age, an old
preste newly maried, and some
tyme archedeaken of wytten
berge / was fayne to leue hys
younge wyfe and auoyde the
domynyon of Saxony. After
ẏ he had wandred thourough
dyuers cities and townes swa
dynge hys opynyon wyth odi=
ous reporte/ to ẏ mynysshyng
of M. Luthers fame: at laste
he cã to Scyrich in Swytzer=
lande/ where he founde one ac
cordynge to hys execrable ap
petyte, named Swynglyus,
whych was there an excedyng
setter forth of M. Luthers do
ctrine. To whõ as sone as he
had disclosed his detestable he
resye

tesye agaynst the blessed sacra
ment, he gladly accepted him/
and in denyenge the corporall
presence of Cryst, agreed both
in one/sauynge in this poynte
they dyffered: where as Carol
stadius sayd that our saueour
Christe spekyng thes wordes:
hoc est corpus meū, meaned his cor
porall presence there syttynge
with his dysciples at the table
& not in forme of brede: Swin
glius affyrmed that they were
not to be vnderstandyd lytte-
rally, but by a figure of inter
pretacyon/so that *est* was takē
for *significat*: and thes wordes
of Chryste, this is my bodye/
were as myche to saye, as this
sygnyfyeth my body. Of thys
mater he wrot sondry epistles
to dyuers of his familyar fren

 des/

des , gloryouſly reioycynge yͭ
he had founde oute the longe
vnknowen trothe of ſo hygh
a myſterye: not by the occaſy=
on of Carolſtadius (as he bo=
ſted) but through his own dily
gent redynge of ſcripture, and
ſpecyally of ſaynt Auguſtyns
workes/ who in very dede ys
clene contrary to his horryble
hereſye. Neuertheles many of
M. Luthers adherentes aſſen
tyd vnto hym/amonge whom
the chefe was Oecolāpadius:
whych beynge a ſeculer preſte
of.xl.yeres of age, entred yͤ reli
gyon of ſaynt Brydgyttes or
der in yͤ prouince of Bauarye/
and for hereſyes that he hadde
vttred both by prechynge and
wrytyng, ſtādyng in daunger
of the Dukes attachiament/

he ran

he ranne awaye pryuely wyth
a nonne of the place/whõ ſone
after he forſoke, and gat hym
for refuge to a Lutheran prin
ce named Fraunces de Sych=
ken, a noble perſonage by byr
the, but a cruell tyraunte of be
haueour, a great murtherer, a
comune ſpoyler of marchaũts
and a rouere of hygh wayes/
whiche mayntenyd hym and
one Hutten a knyghte of the
new goſpell, gyuẽ holly to miſ
chefe/till at the leſt for feare of
diſpleaſure of other princes he
was dryuen to put thẽ awaye.
Oecolampadius cam then to
Baſyle/& there he founde ma=
ny fauourers of M. Luthers
faccyõ: by whoſe ayde he was
promotyd to be curate of a pa
ryſhe chyrche. where he hand=
led his

led hys matters wyth such clo
kyd hypocrisye, that he wāns
many mennes hartes/craftely
sowenge sedicious disturbaūs
betwyxe the temporalte & the
spiritualtye/in such wyse that
the hole cite was often tymes
in parell of insurreccyon and
in daunger to be destroyed.
But though he approuyd the
oppynyō or Swynglius with
preferrement aboue Carolsta
dius: yet cōceyued he another
pryuate vnderstandyng/ say-
enge yͭ *Hoc est corpus meū*, ought
thus to be interpreted: this is
a fygure or a representacyon
of my body/allegynge Tertul
liane, Chrisostome & saynt Au
sten for hys authorite, whom
he vnderstandyth a mysse and
recyteth falsly / somtyme ad-
dyng

dynge more to theyr wordes, somtyme takynge awaye frō theyr sentēces. In this space Martyn Luther wrote a contumelyous boke agaynst Carolstadius/and he an answere to the same of lyke spyryte and semblable charyte/so yͭ Swinglius and his cōpany whyles other men wondred at theyr madnes, laughed them bothe to scorne. Carolstadius perceyuynge yͭ he was not so hyghly estemyd as he reckened to haue bene / also longynge very sore for the companye of hys yonge wyfe: at laste he made meanes to be recōcyled agayn to Martyn Luther and hys churche, whiche was grāūtyd hym vpon condycyon that he shulde reuoke his opynyon of

g the

yͤ ſacramẽt/ wherto he agreed
al beit he helde not longe to w=
che with them. But as ſone as
he had recoueryd his wyfe a=
gain, he gat him owt of yͤ way
in to a vilage & there kept a co
mune tauerne/ beſely vttryng
his olde hereſyes, and daylye
contryuynge newe. Thus in
Germany moch vnquyetneſſe
encreaſyd and trouble out of
meaſure/ with intollerable va
ryaũce bytwene ſeculer people
and the clergye: many dyffa=
mous lybellys & ſlaunderous
wrytynges euery where dyſ=
perpled abrode. And where as
was but one faccion before, o=
nely of the Lutheranes: than
ſprãg there vp another/ which
be callyd Oecolãpadianes or
Swynglyanes / owte of whõ
yſſued

yssued also ye thyrde faccyō na-
myd Anabaptystes, cōteynyng
aboue.xl. sectes of dyuers he-
resyes and sondery opynyons
☞ N. In good fayth ye tell
here a shrewde tale by theym.
And yf it be trewe as ye reher
se I lyke their maners a grete
deale worse than I dyd. But
specially I merueyle that they
be deuyded in to so many fac
cyons & sondery sectes seynge
they pretende to professe the
onely doctryne of Cryste, whi-
che noryssheth no suche cōten-
cyous dyuersyte: for he is the
god of peace & not of dyssenciō
☞ W. I ensure yow ther be in
Germany. iii. C. sectes aboue
ye nomber that I haue namyd,
of whose varyable opynyons
I cowlde partely make reher-

g. 2. sall

sall yf I had conuenyent opor
tunyte. N. Now I praye
yow for the satysfyenge of my
cōscyence and of dyuers other
whyche perauenture haue ben
dysceyued and brought to er=
rours, by the fayned report of
thē, whiche wolde dylate theyr
heresyes vnderneth the cou=
lour of vertuous lyuynge, bol
dely affyrmyng in reproche of
our catholike byleue yͭ among
them is perfyte peace, cōcord,
true loue & charyte, freely ad=
mynystred to euery one in ne=
cessyte withoute respect of per
sons. But fyrste I wolde yͭ ye
declared somwhat of the. iii.
prīcypall faccyōs. w. The
fyrste as I haue shewed you
are callyd Lutheranes, bycau
se they folowe Luthers doctry
ne.

ne. The seconde lyke wyse are callyd Oecolampadyanes or Swynglyanes / & are as one with the Lutheranes in raylynge agaynst the cleargye, & in cōtempnyng the authoryte of the chyrche, but in the sacrament of the aultar they be gretely repugnaunt: and so farre at varyaunce / that they haue made large volumes full of owtragious furies one agaist another / in such vncharytable maner that it excedith the blasphemous contencyons of all heretykes and infideles that euer were before our dayes. ye theyr hatefull enemyte is so malycyous, that yf any of the Oecolampadyanes resorte amonge the Lutheranes: they shalbe excōmunycatyd as he-

then persones, and fynde very
small charyte, whiche they call
loue after the newe interpreta
cyon. And in lyke maner yͤ Lu
theranes shall fynde as lytle
fauour amonge the Oecolam
padyanes. The thyrde faccyō
be callyd Anabaptistes, becau
se they are twyes chrystened/
⁊ wyll admytte none as theyr
faythfull brotherē except they
be rebaptyzed agayne. They
suffre not theyr chyldren to be
chrystened vntyll they be of
greate age / and haue many
straunge opynyons. They af-
fyrme that it is impossyble for
kynges, prynces, iustices, and
other gouernours of yͤ comon
weale, to be chrystē men. They
obstynatly hold that yt is vn-
lawfull for a iudge to requyre
any

any othe of a crystē mā. They saye that chrysten men ought to make no prouysyon nor resistence agayns theyr enemies but frely suffre thē to do theyr wyll. Also they shew holye perfeccion outwardly/ obseruing vigyles, fastynges, wyth contynuall redynge of scrypture, redye to helpe theyr nedy brotheren, vsyng theyr goodes in comone. And they disprayse mych the lyuyng of the Lutheranes & Decolampadyās/sayenge as I haue hard them my self reporte, that they be wors than the clergye / whom they call Papistes, for because they haue the gospell in theyr mouthes and frame theyr lyues nothynge thereafter / shewynge none amēdment of theyr lewd cōuer-

conuerſacyō, but cōtynue ſtyll
in vycyous exceſſys after the
comone rate of myſbeleuers.
And therefore they be in gre-
uous hatred and ſuffre moche
perſecucyon of the other/as ex
communycacyon, exyle, enpry
ſonement, & oftentymes cruell
execucyō of death: in ſo moche
that it is enacted throwgh out
Suytzerland among yͤ Oeco-
lampadyanes, and in dyuers
other places/ that who ſo euer
is found of the Anabaptyſtes
faccyon / he ſhall be throwen
quycke in to the water & there
drownyd. ☞ N. I ſe well thā
ſayenge and doeng are not all
one. For I am enformed that
Martyn Luther hath wryten
extremely agaynſt the perſecu
cyon of prelates / affyrmynge
it to

yt to be agaynst the spyryte of god to persecute or to putte to death for unbelefe or errours/ consyderyng that fayth (as he doth saye) is a gyfte of god / & no man maye haue yt of hym selfe. Also because Christe ne= uer compellyd any man to be= leue in hym, cōmaūdynge the wedes to be suffered amonge the corne untyll the heruest cō myth. ☞ .xx. No fayle he wrote so at the beginnyng/ but after warde experiēce tawght hym the contrarye. For if so be that he & ye Oecolampadyanes had permittyd theyr clyentes to do what they lusted wythout any restraynte: they had ben quite oute of auctorite ere this tyme a daye. Upon whych considera cyon yt was forfendyd in all

h cyties

cyties and iuriſdyccyones of yͤ
Lutheranes/that no mā ſhuld
bye or ſell other reſceyue, any
booke or treatiſe compyled by
the Oecolampadyanes. And
they in lyke maner made actes
to ſuppreſſe yͤ Anabaptyſtes/
fearyng leſt theyr ſectes ſhuld
vaynqueſſhe theyre faccyon.
☞N. yf yͤ Anabaptyſtes haue
ſo many ſectes as ye recyte, I
praye yowe to declare ſome of
them. ☞W. At your inſtaunce
I ſhall gladly. There be ſome
whych hold opynyon that all
deuylles & dānyd ſowles ſhall
be ſauyd at the daye of dome.
Some of them perſuade that
the ſerpent whyche dyſceyued
Eue was Chriſt. Some of thē
graunt to euery man and wo=
man

man two ſoules. Some affyr=
me lecherye to be no ſynne, ⁊ ẏ
one maye vſe a nother mãnes
wyfe withoute offence. Some
take apon them to be ſooth ſa=
yers and prophetes of wõder
full thynges to come / ⁊ haue
prophecyed the daye of iudge
ment to be at hãde: ſome with
in thre monethes, ſome wyth
in one moneth, ſome wythin
vi. dayes. Some of thẽ bothe
men and women at theyre con
gregacyones for a myſterye
ſhew them ſelfes naked, affyr
myng that they be in the ſtate
of innocencye. Alſo ſome hold
that no mã ought to be punyſ
ſhed or ſuffere execucyon for
any cryme or treſpace be yt ne
uer ſo horryble, wherof I will
ſhew yow an exãple done ma

ter in dede. In Switzerland a
lytle frõ saynt Gall at a place
namyd *Cella Abbatis*, one of these
anabaptystes slew hys owne
brother/ & smote of his heade.
when he was demaũdyd why
he dyd so, this was hys an=
swer: It was the wyll of the
father that I shuld do yt/ and
so he escaped wythout punys
shement. For though they be
gredy ĩ reprouĩg other mẽnes
fawtes/makynge haynous ex
clamacyones agaynst thẽ: yet
ponder they full lytle the cor=
reccyon of theyr owne enormi
tyes/ callynge them infyrmy=
teis and weaknes of ẏ fleshe
be they neuer so abhomynable
[illegible]. well yet me thynketh by
your sayenge here before, that
many of them leade a more cõ
men=

mēdable life in face of ẏ world
than the comone sorte of ẏ Lu
theranes or Decolāpadianes,
☞ w. ye verely vnto the out=
warde ostentacyon. But there
cōmeth greater incouenyence
by theym whych haue suche a
shadowe of holy lyuyng, than
by the other. And there is no=
thyng more peryllous in sedu
cynge the symple/than a payn
tyd pretence of an holye lyfe/
where as they swerue ones frō
the ryght fayth and catholyke
belefe. whyche ys easye to be
proued by euydent examples
as well of the olde heretykes,
as of oure newe captaynes of
the moste hye heresyes. And to
shew you the truth as I haue
expertely foūde, some I haue
knowen so angelyke of cōuer

 sacyon

sacyon, ỳ I coude haue foũde in my harte to commytte my soule holly in to theyr direccyon: whom afterward I haue perfytely perceyued to be auctours of suche detestable heresyes/that it wold make a cristẽ harte to tremble for to here thẽ onis namyd. And to tel you of one amonge many / I was aquaynted wyth a certeyn persone of the Oecolampadyans in ỳ cytie of Argentyne, which led a lyfe inculpable amonge hys neyghbours, & was reputed of vertuous conuersacyon exercysynge hym selfe contynually in charytable workes, and understode fresshly ỳ scryptures in his mother tounge, for he was ignoraũt of latine. Afterwarde he fell in to so abhominable

hominable heresye/ that he de
nyed openly the new testamēt,
sayenge ẏ Chryste was a fals
prophete, and all his apostles
dyscceuers, acceptyng no parte
of the olde testament but the
v. bookes of Moyses. The
chefe prechers and lerned mē
of the cyte cam vnto hym for
to reforme hym by waye of di=
sputacyon, and to brynge hym
from his errour / requyrynge
hym to shew what grounde of
scrypture or what occasyō mo
ued hym to take so peryllous
oppynyon. To whom he answe
red coldly wyth soft wordes &
demure countenaunce, how he
wolde nother dyspute nor ar=
gue wyth them, sayenge that
it was his belefe & was assurid
of god with witnesse of his con
scyence

ſcyence to be trewe. Upon this
incõtynẽte he was enpryſoned
and at laſt brought before the
lordes of the towne/ whiche in
lyke maner exhorted hym to
reuoke his hereſyes / mana=
cynge hym with feare of terry=
ble deth yf he wolde not chaũ
ge hys erronyous mynde. He
anſwered that he was redy to
ſuffre what ſo euer deth god
had ordeyned hym vnto, and
wolde nother for feare nor for
fauour go from his opynyon.
Wherfore after a ſuffycyent de
lyberacyon ſeynge he wolde
tourne by no meanes/ſentens
was gyuen that he ſhulde be
burnyd. ☞ N. In good fayth
well worthy: but was he bur=
nyd in dede? ☞ W. No. For
when he ſhulde haue gone to
the

the place of execucyon / accor-
dynge to the vſaunce of the
countrye he was fyrſt brought
before the towne howſe / and
there hys artycles recyted. He
was aſked whether they were
the very ſame which he hadde
affermyd before them. He an-
ſwered ye. Howbeit nowe (he
ſayd) god hath opcnyd my ig·
noraunce, & I aknowlege me
ſlaunderouſly to haue erryd
aſkynge yow all forgyuenes.
I byleue perfytely that Jeſus
Chryſt is my ſauyour, and am
redy in his fayth to ſuffre this
deth prepared for me. The lor
des thcn where as they had gy
uen ſentence that he ſhulde ha
ue ben burnid/for a more eaſy
deth they aſſyned hym to be be
hedyd, wherof he thanked thē,

and went toward the place of
iustyce/pacyently takyng hys
deth with great repentaunce.
¶ M.N. Thys may be a good ad
monysshemẽt that men shulde
not be so wauerynge in fayth/
as to gyue credence in all thin
ges to any persone for ẏ onely
pretẽce of exteryoure holines,
in as moche as the deuyll can
transfygure hym selfe in to an
angels likenes, and a fals per
uerter take vppon hym ẏ offy
ce of a trewe apostle. Moreo=
uer I consyder by your cõmu=
nycacyon and playne expery=
ence here rehersyd / that yf the
froward sturdynes of vnruly
people were not restreyned by
lawes, prohybycyõs, & sharpe
punysshemẽtes/euery comone
weale wolde be soone subuer-
tyd

tyd, and the hole worlde come to nought. ☞ .xx. As for that ye may take example nat ferre hens at ỹ countye of Emdone in east Fryse lande/ where the erle ruler of the county fyrste resceyuyng Martyn Luthers doctryne, & afterwarde Oecolampadius opynyon: suffryd his peple to rede all maner of bookes, and to be of what so euer secte or opynyō they wolde without any restreynte. Shortely after one of theyr chefe preachers whiche hadde bene a freer obseruāte, a man of subtyle lernynge and pleasaunte speche, hyghly esteinyd amonge the people: began to preache in open audyence against the blyssed trynyte/sayenge that there was but one

perſone, one god, ⁊ that our
ſauyoure Chꝛyſt was a crea•
ture as we are, a pure man, ⁊
not god but hauynge goddes
ſpyꝛyte. This cauſed not a lyt
tell dyſcoꝛde betwene the pre•
chers and the peple/ foꝛ many
of yͤ coũtrye leanyd vnto him,
takynge hys parte ſo ſtrongly
that the erle was fayne to ba•
nyſſhe hym owte of hys domy
nyon, all beit hys peſtyferous
ſede remayned ſtyll. Thē cam
thyther doctoꝛ Baltazar, and
after hym Carolſtadiꝰ / bꝛyn•
gynge in the faceyon of yͤ Ana
baptiſtes/to yͤ augmenting of
greater cōfuſyō. Foꝛ where as
ſome cryſtenyd theyꝛ chyldꝛē,
theyꝛ next neyghbours wolde
not/one condemnyng another
with dedly hatred. The meane
ſeaſon

season a certeyne skynner of Denmarcke in the dukdome of Holsacye, where Martyn Luthers doctryne was onely in strength/prechyd Decolam padius oppynyõ with so crafty argumentes, that Martynes fame began to decreace. wher fore doctour Pomerane was sent from wyttenberge to dy∘ spute agaynst hym/and in con clusyon obtayned the vyctory through parcyall fauoure (as some reportyd) of ẏ duke and lordes of the cyteys of Hom∘ burgh and Breame: whiche immedyatly cõmaundyd that no man shulde be so hardye to contrarye or swerue from the doctryne of Martyn Luther, vnder payne of banysshynge and other punysshement. Thẽ

 two

two pꝛechers of Bꝛeame were
ſent to Emdone to dyſwade yͤ
erle & hys people from Oeco=
lampadius opynyon, and frō
the confuſe dyuerſyte of other
ſectes/alſo to reduce theym a=
gayne vnto Martyn Luthers
wayes.¶The erle with hys coū
cell at ther perſwaſyons alye=
natyd theyꝛ myndes frō Oeco
lampadiꝰ/ ſtreytcly chargyng
all thoſe pꝛechers whiche had
ſuſteynyd his faccyon, oꝛ any
other ſauynge Martyn Lu=
thers / to departe owt of hys
countrye by a certeyne daye
apoynted.¶Then was it a won
der to ſe what murmuracyon,
grudge, and rumour of ſedy=
cyon was amonge the people/
not without lykelyhed of fal=
lynge togyther by the eares &
inſur=

inſurreccyon agaynſte theyr
prynce, had not he ſought pro
uydēt meanes to pacyfye thē.
Thys cõtynued no lõge ſpace
but letters came from Argen-
tyne, Baſyle, zyricke, Bearne,
and from many perſons of no
table erudycyon after theyr e-
ſtemyng, alſo from the prynce
of Heſſe / aduertyſynge yͤ erle
with ſeryous exhortacyon, to
calle home agayne yͤ prechers
of Oecolampadius faccyon/ &
reprehendyng hys ſodayn mu
tabylyte from theyr inſtitute,
ſo apparent by manyfeſt con-
iectures to preuayle aboue yͤ
other. At whoſe importune re
queſtes and ſubtyle inſtygacy
ons, he chaunged yet agayne
hys purpoſe, and gaue the Oe
colampadyane prechers lycēs

to returne

to returne in to theyr olde pla-
ces, and liberte to preache as
they were before accustomed:
cōmaundyng sylence vnto the
other or ellys auoydaunce of
his countrye. Lo thus may ye
se what varyable inconstaūcy
and sondrye mutacions of con
demnyd heresyes hath ensued
with euydent confusyō, where
as people be dyuided from the
vnyte of ẏ chrysten chyrche, &
contemne to walke after the
holsome decrees of catholyke
fathers / wrestynge the ryght
sence of scryptures vnto theyr
crooked ymaginacyons. And
specially where the brydle of
sensualyte is sett at large / to ẏ
sturdye frowardnes of sedicy-
ous subiectes, somtyme by ẏ
effemynat tēdernes of princes
, so negli

so negligẽtly regardid/ ỹ after
ward theyr fearfull rygour is
scant able to redresse it: which
hath bene ỹ lamentable dekay
of ỹ Boemes, and is now the
ruynous myschefe of the hye
Almaynes/not vnlykely to be
the desolaciõ of crystendome,
yf remedy be not founde in sea
son. ☛ R. Sauynge your pa
cyence me thought ye declared
here ỹ the Lãdgraue of Hesse
is a fauourer of Swinglius ⁊
Oecolampadius / who wyth
his people as I vnderstande
admytteth Martyne Luthers
wayes and none other. ☛ W.
I will not denye but he mayn
teneth styll Martyn Luthers
doctrine/all be yt syns the dys
putacyon was before hym, he
hath fauoured so greatly the

opynyon of Oecolampadius and Swinglius, ye were it not as I deme for feare of displea synge hys confederate cosyne the duke of Saxony, and fren tyke perturbacion of Martyn Luther/he wolde haue sustay ned yt openly ere this tyme. wytnesse the gloryous comen dacyō vnto theyr faces whiles they were present / and syngu ler preferremēt of thē amonge hys famylyer coūsellers / also hys beneuolent lyberalyte at theyr departynge wyth letters afterward betwyxe thē farsyd full of paynted prayses i theyr absence. ☞ N. I beseche yow when and vnder what maner was this dysputacion. ☞ W. In the yere of our lord. 1528. the prince of Hesse in his chefe cyte

cyte of Marburge cauſed the=
re to be aſſēbled Martine Lu=
ther, Melancton, Oecolāpadi
us, Swynglius, Capito, But
zer wyth many other of yͤ moſt
famous clerkes of the Luthe
ranes and Oecolampadyans
(yͤ Anabaptyſtes onely exclu=
dyd) where dyuers artycles
were doutfully ꝓponyd to yͤ
nomber of .xv. whyche before
tyme had bene dyſcuſſyd & cle
relye determyned in generall
counſelles of the vnyuerſall
chyrch. And when they had by
longe ꝓceſſe vnfrutefully dyſ
puted aboute the iuſtifycacion
of fayth without good workes:
of baptyme, and other queſty
ons apon whych they had wry
ten hole bookes: yet in yͤ ende
were they dryuē to the olde de

terminacyō of the chyrch, saue
leste theyre wrytynges shulde
seme in vayne, & theyr assem-
blynge to be ydle/they founde
out some contrariety of so slen
der importancye,that mē may
playnely iudge in them, other
inuyncyble arrogance;dysday
nynge to be reformed / or elles
obstynate malyce sekynge for
the nonis to impugne ỹ troth.
Concernynge the sacramēt of
the altare wherin rested ỹ prin
cypall mater of theyre disputa
cyon/they greatly varyed and
coude by no meanes agree.
How beyt they concludyd atte
last, that eche parte holdynge
them contente wyth theyre be
lefe/ shuld departe in louynge
frendshyppe, without any ody
ous wrytyng frō thence forthe

one

one agaynste a nother. ☞ N.
whether of them obtayned the
vyctory? ☞ W. They deuided
yt betwene theym whyle they
were presente. But sone after
theyr departyng, the Luthera
nes ascribed it to Martyn Lu
ther/and contrarye the Oeco-
lampadyanes vnto Oecolam
padyus and Swynglyus. ☞
N. vse they suche craftye con-
ueyauns in promotyng theyr
gospell? ☞ W. ye hardely, and
ẏ wythowt any shame when
they be detected of ytt / enfor
syng mē agaynst theyr wylles
to be fautours of theyr heresi-
es. Dyd not Noujomagus ga
ther certayne sentencys out of
Erasmus workes, whych fals
ly depraued he coupled vnto
Martyn Luthers assercyons,

and caused them to be imprynted: blasing abrode that Erasmus and Luther were of one opynyon / to the slaunderous hynderaunce of hys pfytable studye: of whom after muche other detraccyon / he was not ashamed to craue subsedye in hys beggarly indygence. Also Butzer playd a lyke pageante wyth Pomerane in translatīg hys psalter out of latyne into the almayn tonge. For where he aspyed any occasyō to treat of the blyssed sacramente: he plucked out Pomeranes sētēces, and graffed in hys own after no compendyous fasshyon: which as sone as they were enprynted / the fame noysed ouer all ẏ Pomerane (vnknowyng to hym) was one wyth the Oecolam-

colampadeans / whych after-
warde he apertely detestyd in
dyuers epystles, dyscoueryng
the falsehod of Butzer. Such
suttyll dryftes I may tell you
among them is dayly not vn-
practysed. ☞ N. well, ye haue
here rehersed many thynges a
gaynst them / wherin yf I and
such other wold gyue credēce
vnto your saynges wythoute
surmyse of pcyalyte, we shuld
sone turne our affeccyon from
theyr lernyng. But seyng ye
haue bene a fauourer of thē,
and paraduenture bothe spo-
ken and written as largely as
the rankest of them all whom
ye now call heretykes: fayne
wolde I wyt what mocyonyd
yow to take yt in hande so er-
nestly, and now to shyft your
selfe

ſelfe frome yt ſo lyghtely.
☞ xv. To ſhew you the trothe
wythowt dyſſymulacyon how
I was entyced vnto theyr fac-
cyone, the verye begynnynge
was thys. I had redde certayn
treatyſes of Martyne Luther
of the iuſtyfycacyon onely by
fayth wythowt good dedes,/
how man had no fre wyll, how
owre good warkes auaylled
vs nothynge to be ſauyd, no-
ther our yll dedys ſhuld cauſe
vs to be damned, and many o-
ther artycles whych he falſely
preſumed to groũd vppon ſcri
pture. Alſo I dylygently no-
tyd howe he deſcrybed the a-
buſes of popys, cardynallys,
byſhoppys, preeſtys and rely-
gyous perſones / declarynge
how the preſent dekay of the
church

church, farre dyffered from the perfeccyon of the apostles and holy fathers at the furst begin dyng: wherin he made no lye though in other thiges he spared the trouthe. Furthermore geuyng eare to the plesaũt rumours of hys reformacyons, highly cõmẽded amõg new fã gled people: yt sett myne hart so on fire, ỳ I coud not rest vn tyll I had bene there with thẽ. After that I had sene Martin Luther, Pomerane, Melancton, & herd theyr prechynges/ perceyuynge theyr order there in Saxonye: I went in to hye Almayne vnto the Oecolam padyanes/& remaynyng there amonge theym, was oftentymes conuersaũte with ỳ Ana baptistes. In the meane space

l   I saw

I ſawe many wonderfull alte
racyons/as deſtroyeng of mo
naſteryes , pluckyng down of
churches,caſtynge out of yma
ges, breakynge of aultares, ⁊
caryeng the conſecrate ſtones
to the buyldynge of theyr bull
warkes/alſo maryages of pre
ſtes, monkes, freres,nonnes,
contempte of holy dayes, anul
lynge of vygyles, faſtynge of
the lent and embrynge dayes
clene reiecte with other lauda
ble ordynaunces inſtytute by
the churche. All places of ſcrip
ture where mencyon is made
of Antichryſt, fals prophetes,
mayſters of lyes, ⁊ ſuch other/
they violently applyed vnto ẏ
clergye / namynge them ſelfe
cryſtene brotherne, dyſcyples
of Cryſte and apoſtles of hys
goſpell

gospell. In denyenge purga-
torye and auctoryte of ye pope,
yf they found in auncyent au-
ctours as moch as a corrupte
tytle of a pystle sownynge any
thyng to theyr purpose, all be
it the epystle selfe made hole
agaynst it: yet wold they take
it as the worde of god & sure
reuelacyon of the spyryte. Con
trarye wyse, yf any alledgyd
Austyn, Hierome, Cypryane,
or Chrysostome agaynst them
they wolde admytte theyr sen-
tencys for none auctoryte/say
enge they were men, & all men
were lyers. In lyke maner con
cernyng the sacrament of the
aultare, where they redde in
doctours of the spyrytuall ea-
tynge and goostely beynge:
they onely acceptyd that/ and

vnder the coloure therof they wolde exclude the corporall eatynge and bodely presence of Chryst, to the establysshyng of theyr blasphemous errors: whiche they shadowyd vnder the couert of hypocrysye and persuasyōs of peruertyd scryp tures/in suche wyse that opē- ly seyng I coude not perceyue them, vntyll it pleasyd god of hys inestymable goodnes to brynge me out of the lande of darcknes and regyonof deth, vnto the clerenes of his know lege & lyuyng lyght of trothe. I can not excuse me but amōg the wycked I endeuored my selfe to haue done euyll: but god so mercyfully preuentyd me/that it came to small effect in doynge any harme. If I haue

haue bene occaſiō of any man
nes fall or cauſe of ſlaunder/
I am ſorye for yt and aſke for
geuenes. Not wythſtandynge
I neuer defendyd any oppynyō
ōbſtynatly, nother deſpyſed yͤ
admonycyon of any vertuous
p̄ſon: that I haue erred was
through ygnorance and of no
malicious pertynacyte. where
ye be in perplexyte of credence
geuyng vnto my wordes/ I ā
ſure if that I ſpake accordyng
to your appetyte, ye wold put
no dyffydence in me whether
I ſayd yͤ veryte or lyed: for yt
ys a playne caſe amonge the
fauorers of theſe new ſectes/
yͭ they wyll refuſe no forged
tales makyng awght for theyr
ſyde, be they neuer ſo fals. And
ſeing ye betrayd me in errour:

ye oughte not to mystrust me
nowe in my faythfull reuoca=
cyon, volũtarye and not coac=
tyd . ☞ x. Clerely many men
presuppose that other ye be de=
ludyd by ỹ flatteryng perswa=
syon of some worldly persõs/
or ells vtterly geuen in to a re
probate mynde/through gre=
dy desyre of yerthely promo=
cyon and appetyte of ydle ly=
uynge. ☞ xi. It ys not in my
power to stoppe ỹ wronge sur=
myse or mysse reporte agaynst
me, now enemye vnto theyr er
rours : whyles they abuse the
same to ỹ frendes of theyr he=
resyes: namely where as Sa=
thane ys loosed at large, & the
lyenge goste the spyrte of vn=
trueth, walkyth at lyberty vn=
restreynede. wolde god they

were

were as prest to remoue ẏ balk
out of theyr own eyes / as they
be prōpt to aspye a lytell mote
in other mēnys. They crye out
sore uppon the worldely wys=
dome and carnall prudence of
other ꝑsons, callynge them ty=
rantys and mynysters of An=
tecryste / where as I cā ꝑceyue
none more gredy of carnall po
lycyes and fleshly ayde of tyrā
tys than they be. were he ne.
uer so cruell a creature or mys
cheuous fende that is turnyd
to theyr facciōs / they resceyue
hym for an euangelyke dyscy
ple, hys malycyous mynde no
thyng mynyshed, all thoughe
ꝑcase hys doynge of myschefe
ys restrayned by pouertye or
some other myserable impedy
ment agaynst hys wyll. And if
any

any body speke ought against
such peruerse penytẽtys/forth
wyth they alege ỹ vnpytyous
fiersnes of saynt Paule before
hys conuersyon, the synnes of
Mary Magdalene and her pe
naũce, also ỹ example of Cryst
receyuyng publycanes & syn=
ners, and how the angellys of
heuen ioy more vppon one pe
nytẽt synner &c. Luce.15. I pray
yowe what a gostely patrone
was Huttẽ theyr furyous chã
pyon / a man nott onely ouer=
whelmyd wythe heresyes, but
also stuffed full of all vnhappi
nes/whose horryble ende was
accordyng to his myscheuous
lyfe. For after that he had bene
plaged with ỹ french pokkys,
and was helyd of them seuen
sondry tymes: he myserably
dyed

dyed of them in an yle of Swi-
cherlād in extreme pouerte ab-
hoꝛred of all people / hys vyle
carcas eaten wyth ſoꝛes, moꝛe
ſtynkyng than any caryon / ſo
that vnneth any body myghte
abyde the lothſome ſtaunch of
yt. Moꝛe ouer I beſeche you
wyth what cryſten ſpyꝛyte dyd
Fraunces of Syckhym defēd
thē, a ſubuerter of peas, a bur
ner of pooꝛe mennes houſes, &
a troubler of all Germany / vp
pon whom the vengeaunce of
god dyd lyghte, and was ſo-
denly ſlayn in a caſtell beſyde
Crutzynacke to the infamy of
hys aūceters and diſherytaūce
of hys chyldern. I paſſe ouer
the captayns of the vplandyſh
people and theyꝛ inſurreccyon
partely touched befoꝛe. ❧ X.

ye wot well ynough that Mar
tyn Luther dyd wryte agaynst
them, condemnyng theyr sedy
cyous enterpryse. ☞ xx. So
dyd he in dede when yt was to
late voyde of remedy. But as
long as they were in any lykly
hod to preuayle/he rather sup.
ported thē. What heuenly wys
dome dyd the monstruous fy=
gures sygnyfy/where M. Lu=
ther was portred wyth a boke
in hys hand, & by hym Hutten
hys ꝓtectour in complete har=
nes holdyng a drawen sword/
with certayn textis vnderneth
prouokyng sedycyon. And as
for ydlenes/I sawe no manne
more fawty in yt than them sel
fes: except ye account that for
profytable bysynes when they
be nother ydle nor well occupi
ed.

ed. Are there not a great infy-
nyte nomber amonge them, ÿ
can lay sharpely to other men-
nys chargys the cõmaũdemẽt
of god gyuen to Adam : In
swete of thy face thou shalt ete
thy brede / & dylygently repete
ÿ laborous workyng of saynte
Paule and other dyscyples of
Cryste, whych lyue dylycately
in ydlenes? And suppose ye ÿ
a man may not fynde many of
them whych haue theyr susten
tacyon vppõ the spoyle of chur
ches, robbery of monestaryes,
and extorcyon of innocent peo
ple? ☞ N. Thoughe some of
thẽ be of such disposycion : yet
ought not ye to condemne, the
hole nomber of the good for a
small some of the yuell. ☞ W.
Why do ye then dispyse the vni
 uersall

uersall churche/ because some of them be nought. ☙ N. Mary for because the more some of the yuell, surmountythe the lesse nōber of the good. ☞ W.
And thynke yowe that yt may not be better verefyed among the new gospellers, of ẏ which the best ys stark nought? Notwythstandynge some I haue knowē of excellent lyterature, whych for theyr sober cōuersacyon and temperate lyuyng, if they hadde bene as seryous in furtherynge the faythe as they were in settyng forthe of heresies/ were worthy to be pillers of Crystes chyrch. But I ponder not so greatly the outward holynes of hypocrytes/ consyderyng that Arrius, Manicheus, Pellagius, & other execrable

ble heretykes euen as they be
equall wyth them in hereſyes/
ſo were they not inferyours to
them in ſuch hypocryſy. How
many here in Englond wythin
thys. C. yere haue rydde them
ſelfys out of thys moꝛtall lyfe
wythe a deſperate dethe hated
both to god ⁊ man/ſome dꝛow
nyng thē ſelfys, ſome cuttyng
theyꝛ own thꝛotes, and many
hangyng them ſelfys/whyche
in theyꝛ lyfe tyme haue bene re
puted foꝛ well dyſpoſed, vertu
ous, ⁊ charytable folke aboue
the comon ſoꝛte of cryſten peo
ple/⁊ peraduenture ſome here
in Londō of oure olde aquayn
taunce. In whom is fulfylled
the ſaying of Samuell: Man
marketh thoſe thinges that be
open to the eye, but god conſy·

 deryth

deryth the secretnes of yͤ hart/
to the verefyenge of Crystys
worde in the gospell Luce.17:
That whych is hyghly auaun
ced of men/is abhominable in
the syghte of god. Neuerthe
lesse yf ye go to the vttermost:
I coud appoynt ye to many of
the church, whych accomplysh
the perfeccyō of lyuyng vnfay
nedly/wherof these men afore
sayd haue but a bareyn p̄tence
or a domb symylytude. And as
for the worst multytude of pre
stys, monkes, chanons, freers
and other relygyous persons/
I dare compare theym wythe
the comon sorte generally of
these new faccions/all though
ye put a part theyr fayth & obe
dyēce to yͤ church, whych I re.
ken no small mater. So
god

god help me then dare I gyue
ye verdyte wythout any quest,
that they be stark noughte all
the meyny of them. And to be
ginne furst of all at the freers/
ye se what a rascall rable con=
neth abowte the cuntrey wyth
bosomed sermons, preachyng
fables and olde wyues tales
in stede of the worde of god/
whych ar redy matys to associ
ate vnthriftes in all myschefe,
to the slaunder of crysten rely=
gyon. And to speke of mõkes,
chanõs, wyth other relygyous
possessyoners / I praye yowe
what a gostely lyfe leade they,
geuen holly to slouthfull ydle
nes and bely ioy in etynge and
drynkyng, wythowte study of
scrypture or endeuermẽte of
any vertnouse excercise. They

syng

syng in theyr querys wyth as great deuocion, as hunters do at the halowyng of a foxe / hauyng delite in yellyng of theyr voyces and cryeng of organs, but no swetnes of spyrytuall melody. Also seculer preestes euē as bad as the best, shall ye not fynde theym at tauernes & dyshonest housys, drynkyng & gowsyng tyll they be as dronken as apes / nothing abashed to swere blasphemous othes & to vse fylthy cōmunycacyon. And such as be curates hauig charge of mennes sowles, are there not many of thē blynder that betles / destitute of necessary doctrine with good lyuing, whereby theye myghte edyfye theyre paryssħons. It were to tedyous a processe to reherse theyr

theyr wrechydnes so farre out
of order/whych all the worlde
perceyueth & speketh agaynst
it,and yet can be none amende
ment. ☞ .w. If theyr wrecthid
nes of lyuyng as ye say be ma
nyfest to all the world : it shall
not be so nedefull for yowe to
declare any further therof / as
yt wyll be expedyente for me
to tell of these new gospellers,
whose erronyous wyckednes
is knowen to very few here in
this region. And surely to im
proue the uniuersall churche
as iuell,because many of them
be lewde : it were no lesse mad
nes than to sette at nought the
olde testamēt,because ẏ more
parte of the childern of Israell
were euill/other to dispise the
gospell because all these newe

 faccions

facciōs which falſely preſume
to be folowers of it, are hereti
kes. Amōg whō ye ſhall fynde
renegate freers that haue caſt
of theyr habytes and forſakyn
theyre relygyon, whyche haue
maryed wyues and ſone after
ſcape away fro theym, leauing
theym in carefull deſolacyon/
ye ſome one maryeng .ii. or .iii.
wyues in dyuers countreys,
whome they haue dyſceyuyde
by craftye entycementys/ma=
kyng theym beleue with theyr
gorgeous apparayle that they
be cōe of noble & ryche frēdes.
And of theſe are there many
which walk ouer ſondry ꝓuin
ces, with gloſynge ſpeche and
ſwete tales / ſpieng owt vnſta
ble people ẏ will be waueryng
with euery winde/and ſuch as
theyr

theyr ſtomackes ſerue them to
contemne faſtynges and pray
ers, deſyrous of carnall lyber
tie, and can rayle agaynſte the
clergy, caring for no iuriſdicci
on/ and when ſuche vnlawfull
menes fayll, giue them ſelfes
to thefte, robbing of churches
and ſedycyous dyſturbaunce/
whereby ſome of them are pro
moted to the galows ⁊ ſhame
full marterdome of felons.
Lykewiſe apoſtata monkes ⁊
chanons peruerted vnto theyr
ſectes, ſome bring with thē as
much ſubſtaunce of the ſpoyle
of theyre places, that they pur
chaſe therwith fayre landes ⁊
yerely rentes. Alſo preeſtes ÿ
haue made cheueſaūce of their
benefices for.ii.or.iii.C. poun
des/ at whoſe conuning it is a

 worlde

worlde to here howe god ys
maungnyfyede for theyr dely-
uerance frome the tyranny (as
they call yt) of Antycryste / and
what brotherly chere ys made
with feruēt reioyce ī ỹ suffrāce
of Crystes crosse, namelye yf
they haue store of monye. And
sone after they are prouydyd
of fayre wyues in safegarde of
theyr chastyte, and to augmēt
theyr perfeccyō / wherby some
of theym chaunce to be so ve-
xyd wyth deuylles, that theyr
gospell ys not able to charme
theym / and are fayne to ronne
awaye in lyberty of the lorde,
ere that theyr wyues be made
faste in ỹ bondes of oure lady.

Besyde these, howe many in
Germany haue annuall pensi
ons of cyties and townes for
tearins

tearme of lyfe, bownde to no
maner of ſerues/whoſe chāge
of ſtate is to no renuyng of ſpi
rituall conuerſaciō, but rather
an vnſacyat luſte of fleſhly fre
dome/euydētly tryed by theyr
vycyous behaueoure, ydle ly-
uynge, & dyſguyſed apparayll
☞ N. ye maye ſpeke many
thynges for your pleſure/but
ye knowe ryght well, ỹ cryſtyn
relygyon ſtandyth not in owt-
warde raymente, nor I cā not
ſe but as good a ſoull may be
vnder a ſeculer wede, as in a
relygyous veſture. The ſtrāge
dyuerſyte of habytes is not cō
maūded of god/ nother ſcryp-
ture aſcribeth any holynes vn
to thē. ☞ W. In good fayth I
ſpeke of truth & not of pleſure
For it is to me mych dyſplea-
 ſure

sure to se thē suche as I se thē/ not in theyr dysguysed clothīg onely, fall farre vnsemely for them, if they were eyther suche as they were before, or such as they now call theym selfe / but ouer that in euery kynde of all dysordered lyuyng: whych ye let passe, as though I had foū-den no faut but wyth theyr clo thynge. And agaynste that ye seme to set at nought the haby tes and fasshyons of relygyouse people/callyn̄g them straunge dyuersytees & thingis nought worth, because they be not cō-maunded of god, nor that scry pture ascrybeth no holynes in them. But as for strangnes of apparell, relygyouse men vse none. But theyr apparell was at the furst deuysed by such as

they

they that now hate relygiō, do
not yet denye for holy blessed
men. And now they cannot be
straunge, when they contynew
styll euery order hys olde fassy
on, and that all yͤ worlde hath
loked vppon them, and amōg
a thousand freers none go bet
ter appareled then an other.
But now vnto the tother syde,
these that rōne away from thē
vnto these Lutherans / they go
I say dysguysed strangely frō
that theye were before, in gay
tagged cotes, and cut and scot
ched hosen, very syghtely for-
sothe, but yet not very semely
for such folk as they were and
shulde be. And thys apparell
change they dayly, from fassyō
to fassiō euery day worse than
other / their new fangled foly &
they.

theyr wāton pryde neuer cōtēt
nor satysfyede. And where ye
set at nought all strange diuer
syte of habytes, in whyche ye
meane I wote well not onely
religyouse mennes apparell/
but allso the garmentys worne
in diuyne seruyce, for therin I
knowe youre mynde of olde:
I say these gere were well or=
dered by good men, & not with
owt ye good helpe of god. And
ye can not fynde that they be
dyssalowed of god, but rather
approuyd/in as moche as he
in ye olde testament appoynted
vnto ye prestes and mynysters
a seuerall dystynccyō of appa=
rayle frome the comone peple,
specyally in theyr mynystracy=
ōs. Allso yt appereth by ye story
of ye prophete Heliseus, whom
the

ẏ chyldren of Bethell mockyd
and wondred apon / ẏ he was
not clothyd after theyr comen
fassyon. And veryly I holde it
more cōuenyēt for relygyouse
persons to were ẏ habytes by
theyre fore fathers instytute/
than to be arayed after the ruf
fyan inuencyon of many gos-
pellers in Germany. ❧ N. All
these ar but blynde reasons of
your own fantasy, nothyng to
the purpose. ¶The orygynall in
stytucyon of relygyous haby-
tes began vppon certayn con-
syderacyons. As thus: when
holy fathers lyued in wylder-
nes/they made theyr garmen-
tes after a fassyon that myght
best defend the sharp stormes
and yll wethers. And some ẏ
gaue them selfys to bodely la-

 bour

dour, contryued theyr clothes to be shapē in a most hansome maner to worke in. Also some of them wyllyng to eschew superfluytye of vesture/ deuysed theym habytes moste apte for warmeth & sparyng of clothe. But now these consyderacyōs faylyng: to were the habytes of them/ & not to folowe theyr example, me thynketh yt mere hypocrysye. ☞ ꝯ. Then may I say to you agayne after the same forme of argumentacyō. The fyrst inuentours of thys new dysgysed apparayll, were hethen peple/ vnthryftes, fooles, and myslyuyng persons: now ye that be accoūted good crysten people vse the same, where as ye oughte not folow theyr lewdenes/ therfore ye be &c.

M. Notwythstādyng I demaū
ded ones of a certayn cōpanyō
of these sectis whych had bene
of a strayt relygyō before, why
hys garmentys were nowe so
sumptious, all to posiced with
gardes and iaggys lyke a rut-
ter of the launceknyghtys. He
answeryd to me that he dyd yt
in cōtempte of hypocrysy. why
quothe I dothe nott god hate
pride the mother of hypocrisy,
as well as hypocrysy yt selfe?
wherto he made no dyrect an-
swer agayne/but in excusyng
hys fawt, he sayd ŷ god pryn-
cypally accepted the mekenes
of the hart and inward crysten
maners/whych I beleue were
so inward in hym, ŷ seledome
he shewed any of thē outward
ly. N. I graunted before ŷ

 there

there were some lyghte ꝑsons.
But what say you to the proui
syon of pore people there, such
as ar aged or impotent/ & that
beggers be not suffred to cra-
ue at mēnes doores, nor to loy
ter ydelly as they do here, but
ar set a worke. I tell you some
men thynk yf our sturdy mon-
kes, chanons, & freers, labored
for theyr lyuyng as we lay pe-
ople do/ yͭ it wolde be a meryer
world thā now is. ☞ w. what
a mery tyme it wold be here in
thys land I am vncertayne/
but I am sure that in Germa-
ny among these new faccyōs,
ys yet but a sory world & lyke
to be worse. ye say there be no
loytryng beggers, and that is
trew/ for few or none resorteth
thyder becawse they can haue
none

none almes nor relefe/ excepte
they wyl do itollerable seruice
for so slender wages/ yͭ yf they
be not of sober dyet, and longe
exercysed wyth laboure, it is
not possyble for them to away
with yt. But what is theyr la-
bour? mary pluckyng downe
of chyrches and monasteryes,
and buyldyng of bulwarkes &
wallys to instrẽgth theyr tow-
nes agaynst them which couet
to reforme them. And here is a
dowt to be mouyd / when such
busynes is endyd, howe shall
they be then set a worke, consy
derynge that in other occupa-
cyons a fewer nomber than be
all redy were able to suffyse yͤ
peple / & so they fynde yt there
all redy. ☞ N. God wyll pro-
uyde other wyse for them than

mannes ymagynacyon can cō
prehēde. ☞ M. If theyr wayes
lyked hym I wot wel he wold.
But ſythe yt is no pleaſure to
hym to ſe them leue the faythe
and fall to hereſies, pull down
chyrches and bylde vpp bul-
warkes agaynſt god in defēce
of theyr abomynable errours.
I verylp thynk that the wrath
of god wyll worke them ven-
geaunce, and ſende ſuche men
mych myſery, and abate theyr
bulwarkes to the grounde/ as
he abated the prowde towre of
Babylon, when he cōfounded
the byelders in to as many tō-
ges as yͤ deuyll hath cōfoūded
yͤ bylders of theſe bulwarkes ī
ſo many ſhāfull ſectis. ☞ N.
well I truſt better. And which
of vs is begyled the ende ſhall
ſhew.

thew. But this here I say that as yet hytherto, where as ye spake of theyre intollerable labour: I ã certefyed that they come from it as ioyously as it were from a recreacion. ☞ w.

I blame theym neuer a deale thoughe they be gladde when theyr taske is at an ende. ☞ N

Nay I meane when theyr hãdes be full of blaynes and blysters, wyth achynge armes, theyr shulders black and blew by reason of heuy burthens: that then they reioyce in suffraũce. ☞ w. They ŷ so haue certifyed you I pray you wryte vnto thẽ agayne, and praye them to certefye you also how many worketh wyth an euyll wyll for the onely lacke of lyuynge/ and howe many comme

fro

fro theyꝛ woꝛke & rather chuſe
to go ſtele & be hanged to, ra=
ther thẽ to come to ſo paynfull
woꝛcke agayne. And by that
tyme that they haue certyfyed
you of theſe two ſoꝛtys: they
ſhall I warant you certefye of
the thyꝛde tother ſoꝛte that are
ſo gladde of ſuche laboure not
fully ſo many as ye rekẽ now.
And yet I thynke veryly that
ſome ſuche are there to. And I
wolde myche meruayle ellys.
☞ M. why ſo? ☞ W. For I
haue knowen ere thys where
mẽ haue bẽ ſoꝛe hurt in frays/
ẏ they whych haue bene ſoꝛeſt
wounded haue moſt reioyced/
not in hys harmes but in the
pꝛayſyngs of other. ☞ M. who
be they ẏ ſhuld pꝛayſe ſo theſe
labourynge folke. ☞ W. Euen
ſuch

suche of theyr owne sectys as
will not labour thē selfes/whi
che ar redyer to ēcorage other
mē vnto suffraunce of deth for
theyre opynyons, than to ieo-
parde them self the leste typpe
of theyr ere. But now to your
obieccyō/that ye wold prestys,
monkys, and freers shulde la-
bour as other temporall men
do: I holde it expedyent that
many of them shulde be better
occupyed than they are. Howe
be it I haue hard in Germany
greuous complayntes & mur-
muracions of hande crafty mē
and artyfycers agaynste rely-
gyous persons/ whyche haue
made them selfes worldly, and
lerned theyr occupacyons. For
through theyr augmentacyō/
the proffytable gaynes of occu

pacyons was mynysshed / and
the welth of theyr lyuynge de=
cayde, so that many were com=
pellyd to seke aduentures in
straunge prouincys for defaut
of worke at home. Also I haue
knowen in the cyte of Colen ⁊
in other placys of the low con
trey / that relygyous persones
in theyr cloysters fyndyng thē
selfes with labour of theyr hā=
des, as spynnyng, weyuyng, ⁊
makyng of lynnen cloth / haue
bene haynously ꝯplayned vpō
to the lordes and rulers / yͭ they
toke away the auauntage and
lyuynge from the pore comōs
⁊ cytezens: wherfore they haue
bene restrayned from takynge
of temporall peoples worke.
☞ N. By thys rekenynge sel=
dome ys a chaūge for yͤ better.

But

But yet howe saye ye to theyre
prouysyon for poore inpotent
peple? &c. After my mynde
they neuer went about an acte
that pretendyde a more god-
ly purpose / or a feruenter zele
of charytable cõpassyõ. whych
ordynaũce yf yt had a ꝓgresse
of cõtynuaunce as yt had a ly-
kelyhode at the begynnynge:
were to be alowed and practy-
sed of all crysten nacyons.
But euery occasion wysely põ
deryd wyth dew cyrcũstaũces/
it wyll make those yͭ be sage to
stay at yt & other lyke maters/
takyng auysement before, lest
they ẽterpryse further thẽ they
be able to bryng vnto a lawda
ble ende. It is yͤ very properte
of comõ peple, namely of these
Almayns / that what so euer

they be perswaded vnto, agre
able to theyr affeccyons / they
shall be redy in a sodeyn gyere
to accomplysh: regardyng no
ther damage ne commodyte,
though sone after they repent
theym. And lyke as the people
of Israhell brought the iewel
lys of theyr wyues & chyldern
to the makynge of the golden
calfe: so dyd they bryng theyr
iewellys, bedys, rynges, owt-
ches, wyth mony both golde &
syluer, to the comon hutches
so haboundantly for thys pro
uysyon/ ye men dowted in some
place whyther they had poore
folk suffycyent to consume so
excedynge heapys of ryches.
But this dout was sone made
a playn case: for withi a whyle
after the ardente heat of theyr
lyberall

lyberall deuocyō waxyd cold.
And because they contynued
not styll in bryngynge in theyr
oblacyons : the hutches and
coffers were emptye ere men
wyst yt. Then whyles yt was
compassyd what way myghte
be best taken for the preserua=
cyon of thys ordynaunce, least
yt shuld decaye, to theyr confu
syon that began yt: some gaue
counsell that yt shulde be ne.
cessary to depryue the clergye
of theyr goodes, and to dystry
bute theyr possessions, landes,
and rentys amonge lay peple.
And to throwe downe all mo=
nasteries ⁊ churches/makyng
coyne of crosses, chalessys and
other sacred iewels, for ẏ sustē
tacyon of the poore as they al=
legyd. Thys aduyse with hole

 assent

assent of certayne prynces and
comonteys was approuyd/af-
fyrmynge that yf so infynyte
ryches were onys in theyr han
dys / the reuenewes of great
men shuld be so enlargyd, that
they shulde nede to rayse no
taxys nor lones of the com-
mons / but rather cease frome
all importable exaccyons.
In lyke maner by the same po
lycy they comons might grow
vnto such welthy substaunce:
that beggers and nedy people
fewe or none shulde be founde
among them, whych ought to
be called a golden worlde or a
tyme of felycyte. ☛ N. And cā
it not so to passe in conclusyō?
☛ W. No, nor neuer shall I
make you assuraunce, for the
goodes ar wasted & no mā can

tell

tell how: ye at thys houre the prynces and lordes of yͤ cyties ar more hungry to pyll & pole then euer they were. The com mons also in lesse welth, endu ryng more greuous oppressyō then euer they dyd, wythe no fewer myserable persons then they had before/all thinges ar out of mesure scarce/eche com playnynge to other of theyr ca lamyties infortunate without remedy of redresse or hope of a of a better chaūge. ☞ N. Our lord forbede yͤ yt shuld chaūce so here. ☞ W. yet lacke there not in Englond that wysh full hartely after suche a ruffelyng chaunge/the more parte suche as hope to wyn and haue no= thynge to lese/ and yet some so mad that haue of theyr owne,

and

and whyche happely myght re
pēt it fyrst of all. I let passe my
lord cardynalls act in pullyng
down & supp̄ssing of religious
places, our lord assoile his sou
le. I will wrestle wyth no sou-
lys: he knoweth by thys tyme
whyther he dyd well or euyll.
But thys dare I be bolde to
saye / that the contreys where
they stode fynde suche lacke of
them: that they wolde he had
let them stāde. And thynk you
then that there wold be no lak
founden yf yͤ remanaunt were
so serued to? I wene men wold
so sore mysse them that many
which speke agaynst thē / wold
sone labour hys owne handys
to set them vp agayne. ☙ N.
In good faythe your wordes
make me so amasyd, that I cā
not

not tell what I may say to the mater: I se the lyuynge of the clergye is farre wyde from the doctrine of Cryst & example of thappostles / & ye Lutheranes by your saynge be i wors case/ both destitute of catholik faith & good crysten maners, wythout any better lykelyhode excepte by the meanes of a generall reformacyon. ☞ W. who shuld be the auctours of thys reformacyon? ☞ N. The pope & other crysten pryncys. ☞ W. I put case that many of them be as wyde owte of the ryghte waye as the other. ☞ N. That can ye tell partely concernyng thys popes holynesse / for ye were lately at Rome. ☞ W. In very dede I herde pyteously of yt by other mennes report,

 but

but I sawe yt not: & peraduenture I saw the lesse/ because I taryed so lytell whyle there. Natwythstādyng yt fortuned me to talke wyth an Italyan/ and in our communycacion I spake as I had hard, that the pope and the emperour entendyd a reformacyon. whye sayd he they haue begon all redye. I asked him where. Se ye not quod he that they haue destroyed Lombardye, Italye, Naples, & also enpouered Fraūce, to the ruynous decay of crystēdome: Beware sayde I what ye speke. yes quod he/ for I meane no dyshonoure to theyr hyghnes/ for they perfourme the wyll and commaundemēt of god as they of Syrya and Babylone dyd in destroyng ẏ

euyll

euyll chylderen of Iſrahell, to
thentent the good myght proſ
pere in theyr placys. Mary qd
I that ys clene contrary here/
for the good be deſtroyed and
the euyll are encreaſed/ ſo that
neuer in Italye were ſene ſo
many vagaboundes, theues,
hores, and harlottys, as are in
thys preſent tyme. Well ſayde
he/ yf yͤ good be rather deſtro=
yed as ye allege, and the euyll
are ſtyll reſeruyd: yt ys a tokē
that they haue eſcaped wyth
an eaſy ſcorge the dredefull vē
geaunce of god, whych remay
neth for theſe yͭ be left behynd.
Howbeyt ye rede in ſtoryes of
the byble, that yͤ ſynfull world
was firſt deſtroyed before that
ryghteous Noe, was poſſeſſyo
ner of yͤ frutefull yerth, blyſſed

 of god

of god / and the abomynable
cyteys of Sodome & Gomor
vterly ſubuertyd ere vertuous
Lothe aſcendyd the mount of
hys refuge. Alſo the repro=
bate people of Iſrahell were
holly extyncte ere euer theyre
elect chyldren entryd the lande
of promys. wherfore conſtrue
ye as ye pleaſe, I feare me that
the reformacyon of the worlde
ſhall be wyth the ſworde of vē
geaunce vppon the people for
theyr iniquyte/ conſyderyng yͤ
obduracyon of theyr hartys, &
harde neckyd ſtubburnes/not
moued at the wōderfull tokēs
whych dayly pronoſtycate the
wrathe of god to be at hande.
wyth thys he ſhranke awaye &
wolde tarye no longer. N.
Peraduentur he was afrayde
to wade

to wade further in the trothe.
But beleue me yf ye wyl/wher
he spake of the destroynge of
eupll people: I wene yf Luthe
rans be such as ye make thē,
yt were the redyest waye for a
refor macyon to kyll vp theym
quyte. ☞ M. I wolde rather
wyshe them amēdyd yf yt may
be. And as for kyllynge theym
in some place, yt were no great
maistry. But thē in some other
placys where wold ye fynde yͤ
people to do the execucyon?
❧ N. we shuld lacke none in
Englande I warant yow / for
there be many of the clargye
that wolde be full glad of yt, ⁊
marchauntys some, thoughe
many be on theyr syde. Also ye
myght haue a great sorte of yͤ
cōmons, and many courtyers,

 though

though some of euery sorte fa-
uoure Luthers wayes & some
great mennys seruaũtys bere
men in hande that theyr soue-
reyns support such maters spe
cially in tauerns, marchaũtes
howses, & other placys / where
they make thẽ selues no small
fooles when wyse mẽ be forth
a dores. ☞ W. ye vnderstande
not what ye saye. ☞ N. Howe
so? ☞ W. For yf we wyll put
awaye all Lutheranes and all
suche open heresyes, we must
fyrst putte awaye many other
synnys whyche haue brought
those heresyes in. For trow ye
that heresyes the moost terry
ble plage of god / cometh not
through synne of the peple pro
uokynge hys ire and indygna
cyon / whereby he sendyth a-
monge

monge them false prophetes & erronyous teachers, prechyng maters accordynge to theyre waywarde appetytes. ☞ N. yet prestys and clarkys are ẏ bryngers vp of heresyes and ẏ chefe maynteyners of them, by occasyon of popes, cardy=nalles, bysshops, & other pre=latys of the clergye. ☞ W. I wyll neyther excuse nor accuse neyther them nor other. But I fere me ẏ as for other synnes the clargie and the lay to, shall not nede to stryue therfore/but maye well agre togyther and parte the stake betwene them. And as for heresyes, thoughe some of the clergye comenly be gynne them: yet yf we loke on olde cronycles wyth experyẽce of our own tyme, we shall well

fynde

fynde that there hathe not lac-
ked some great temporal pryn
cys, nor a great nõber of lewd
laye people/to set them forth &
support them. was not the ory
gynall grounde and cawse of
M. Luthers heresye to do plea
sure to hys prynce, and to pur
chase fauoure amonge the peo
ple. In lyke maner Oecolam
padius, zwynglius, Pharel-
lus, and other mo folowed the
same trace. when prynces & co
mõties at first bent vppõ affec
cyõ agaynst yͤ church, or cõcey
ue any straũge purpose ꝯtrary
to scrypture: then immedy-
atly they fynde at hand suche
lerned persons that can ende-
uoure theyr braynes in appro
uyng theyr lustes/makynge yͤ
whych ys vnlawfull lawfull,

whyche

whych say that good is yuell &
yuell ys good, callyng lyghte
darknes and darkenes lyght.
☞ N. We shall finde thē amōg
whych prech such thyngys as
ye call heresye for no such cau-
se/but preche it boldely before
great audyēce, where they for
theyr prechyng be brought in
great danger. ☞ W. Though
they do fall in harme, yet haue
they hope to wynne theyr fa-
uour/or els why are they so de
syrous to haue so many ley mē
present at theyr examynaciōs.
☞ N. They make of it a reaso
nable cause for .ii. cōsideraciōs
One ys to thyntēt they myght
not be wrongefully oppressyd
in corners: a nother is because
they wolde that people shulde
bere wytnes of theyr cōstancy

in confeſſyng the trouthe foꝛ
Cryſtys ſake. ☞ w. These cō
ſyderacyons in theym yf they
were true as they be fals: were
yet of ſmall efficacite ⁊ againſt
the euangelyke perfeccion. As
towchynge the fyꝛſte, god pꝛo-
myſeth yf hys ſeruauntys be
wꝛongyd pꝛyuely / he wyll re-
uenge them openly. And Cryſt
in the goſpell exhoꝛtyng vs to
ſuffraunce / byddeth hys dyſcy
ples to be ioyful in perſecuciō /
ſayng ꝧ happy are ye when ye
are belyed, euyll ſpoken apon,
and extremely dealte wythall
foꝛ my names ſake. The other
apperythe to be an excuſe of
vaynglory couetynge woꝛdly
pꝛays / where as they perceyue
that people fauourynge theyꝛ
parte wyll interpꝛete to theyꝛe
cōmenda

commendacyon what so euer
they say, though yt be agaynst
scripture/cōtrary to all verite.
Saynt Peter wylleth vs to
gyue acounte of our faythe to
euery bodye/and that myldely
wyth all lowlynes. we haue no
presydent of thappostles, that
euer they dysdayned to ãswere
before the infydele iuges, tyll
ẏ vulgare multytude were by
them / or that they requyred as-
systence of great men to be re-
cordes of theyre wordes. wher
fore I meruell what cõscyence
these persons haue/whych are
so importune to be examyned
in presence of rude seculers &
ignoraunt people / when they
answere so dowtfully that the
beste lernyd can not well con
strue theyre meanynge. And

in pryncypall artycles where
vppon depẽdeth our saluacyõ
or dampnacyon: some answer
so nakydly with blynd shyfts,
that they be able to brynge vn
lernyd people in to errour of
thiges wherof they neuer dou
tyd before / vsynge euer ouer
thwart speche and quaylynge
sentences of dowble vnderstã
dynge, wyth protestacyons of
hypocrysye after thys fashion:
In good fayth I thynke there
is a purgatorye, albeyt I can
not tell whether I may beleue
yt or no. I suppose that confes
syon made to a preest, and pyl
grymagys may be well done/
but I fynde them not in scryp-
ture: I beleue in these wordis
of Cryst, thys is my body / but
as concernyng hys bodely pre
sence

ſence in foꝛme of bꝛeade, to ſay
any thynge yt ys aboue my ca
pacyte / and I dare not medle
with ſo dyffuſe maters. I rekẽ
that I may beleue ye doctours
of the church yf they ſpeke not
agaynſt the woꝛde of god. &c.
To vſe ſuch ãbages in weygh
tye cauſes, & to put in queſtyõ
a freſſhe the caſes defyned by
generall counſels, as thoughe
we were vncertayne of our be
lefe & new to begyn agayn: I
repute yt no ſpyꝛyte of trothe
ſekynge goddys honoure and
edificaciõ of theyꝛ neyghbour.
Noꝛ I dout not but at the day
of iugemẽt, they ſhall make a
moꝛe ſeryous anſwere. Thys
cõſyderacyõ is alſo as I haue
ſayde very playnly falſe. Foꝛ
whẽ theſe ſly ſhyftes fayle thẽ:

they shew no cõstancy of theyr
vnfaythfull doctryne/ but fal-
sely forswere them self and say
they neuer sayd so/ the hole au
dyẽce detestyng theyr periury
all saue onely theyr owne sect/
whyche as for periury pardon
eche other. To speke of many-
fest mysliuers and open trans
gressours, whom may we well
exempte? consyderynge howe
prone and redy yͤ hole world is
from the moste to the leste, to
declyne and fall vnto euyll.
Our fayth whyche god hathe
gyuen vs to bylde good wor-
kes vppon is waxen barayne
& fruteles. Charyte lykewyse,
wherin we shuld be tryed to be
the very dyscyples of Cryst/ is
waxed colde through yͤ excesse
of iniquyte. Amyable concorde
wyth

wyth cryste vnyte, wherevppō all vertue fastenyth her funda cyon is fallen in ruyne / to the fre entresse of hatefull dyscēciō & lyberte of al vyces. In euery state and degre, ye one barkyth at the other / one obiectyth a-gaynst a nother hys fawtys / eche of theym facynge other to be causes of theyr myseryes / & yet neuer a one fassyoneth him selfe towarde any amendemēt for hys owne parte. ☞ N. By my trothe I deme the people wold be good ynough, yf they had good heades. ☞ W. I de-nye not yt verely, but the better that the heades be the better were the body lyke to be / and ye euyll yt is in euyll heades des-cēdeth down in to euery parte, and maketh all the bodye the worse.

worse. And yet surely yf ye peo-
ple be euyll: the synne of them
causeth god sometyme to send
them heades of the same sute,
bothe popes, emperours, kyn-
gys, cardynallys, bysshoppes,
prestys, and curatys. For yt is
the synne of the people as Job
testyfyeth, that causeth god to
suffer hypocrytys sometyme
to rayne ouer theym. Hypocry
tes he calleth theym that repre
sente the personages of these
estates, whose partes they do
playe for a countenaunce, and
do the contrarye in dede. And
as farre as I haue redde in ye
byble / all ye whyle yt the peple
of Israhell were good obeyng
goddys lawys and sought his
honoure: god gaue theym gra
cyous gouernours, vertuous
prestes

prestes, and trewe prophetes.
But as sone as they swaruyd
& fell vnto ydolatry: he sēt thē
for theyre punysshment vngra-
cyous prynces, vycyous prela
tys, and fals ꝓphetys / so that
no dyfference was betwene yͤ
people & the prestys / nor yͤ peo
ple coud not ymagyne so outra
gyous abomynacyōs, but prin
cys and prestys bothe were re-
dy to fortefye them in theyr vn
happynes. ☙ N. yet yf ye re-
member well the storyes of the
byble/ye shall fynde yͭ the trās-
gressyō of goddys law amōg
the peple/redownded fyrst frō
yͤ heades by theyr pernycyous
occasyon. And as towchynge
fals prophetes and yll prestes:
god hym selfe greuously com-
playneth apon them/shewyng

how the people are ſeducyd by
them to the pollutynge of hys
name and vyolacyon of hys la
wes. whoſe ennuyous wycked=
nes Ezechiell, Hieremye, wyth
dyuers other ꝓphetes, declare
at length. Dyd not the Belyal
pꝛeaſtes Ophni ⁊ Phynes by
theyꝛ peſtylent example and le
cherous lyuynge coꝛrupte ma
ny one / vppon whom god ta=
kynge vengeaunce / they loſte
theyꝛ lyues in batayll / and the
arke of god wherof they had
ỹ cure takẽ by the Phylyſteys /
xxx. thouſande fyghtynge men
of the Iſrahelyte people were
ſlayne in one day. Lykewyſe ỹ
chyldꝛen of Samuell whyche
were iuges of the peple / not en
ſuynge theyꝛe fathers ſteppes
but ſet apõ couetouſnes, toke

rewardes

rewardes and peruertyd iuge
ment / by whoſe occaſyon the
people were mouyd to aſke a
kynge vnto theyr deſolacyon.
Moreouer the ſtorye of kynge
Saull is playn, for whoſe pry
uate dyſobedyēce ẏ hole lande
of Iſrahell ſmarted full ſore.
Kyng Dauyd though he was
a blyſſed mā, yet brought vnto
foly for to nomber his people/
they were fayne to ſuffer moſte
wofull plages for hys offence.
Manye other lyke placys I
coud gather out of ẏ olde teſta
ment, were yt nat to eſchew te=
dyouſnes / ſpecyally of Hiero=
boam, whom ẏ ſcrypture teſty
fyeth expreſly, that he cauſed ẏ
peple of Iſrahell to ſynne. Be
ſyde all thys go to the very ex
peryence / and ye ſhall fynde ẏ

 where

where ſoeuer the heade oꝛ go
uernour of an howſe ys good/
the hole howſholde comenlye
ſhall be good alſo. And contra
ry wyſe yf they be badde / the
other ſhall be as euyll / ſo that
I may conclude in veryfyeng
myne oppynyon / that the yll cõ
uerſacyon of ſubgectys pꝛoce=
dyth out of yͤ euyll example of
theyꝛ heades. ☞w. ¶To begyn
where as ye leaue/ I graunt yͭ
the vertuous exãple of yͤ head
auayleth moch to the good oꝛ=
der of the members/ ⁊ the grea
ter that the auctoꝛyte ys, the
moꝛe ſtrength yt hath in exam
ple, eyther to pꝛofyte oꝛ to noy/
conſyderyng that amonge pꝛy
uate perſons the goodneſſe of
ſome one, ẽducyth many other
to vertue / ⁊ contrary the lewd
nes

nes of a nother, bryngeth ma=
ny to vyce ⁊ vngracyousnes.
But yet cã not ye ꝯclude apon
thys, that yͤ euylnes of the peo
ple comyth fyrste by the exãple
of the heades/ but rather as I
haue spoken before, because yͤ
peple be euyll them selfs / ther
fore god sendyth theym accor=
ding yll heades ⁊ gouernours.
For ye must consyder that god
hath not made the people for yͤ
sensuall pleasure of pryncys,
gouernours, or prelatys/ but
hath ordeyned them to yͤ weall
and commodyte of the people.
ye haue in Exodus the thyrde
chapyter, that when the peple
of Israhell were in myserable
thraldome vnder kynge Pha=
ro: they cryed to god for reme=
dye/ and god prouyded theym

 Moyses

Moyses to be theyr delyuerer/ to whom in gyuyng his offyce he sayde: The clamoure of the childrē of Israhell is come vn to me, and I haue sene theyr af flyccyons how they are oppres syd of the Egypcians: therfore approche and I shall sende the to delyuer my peple. ye, god lo ued the peple so entyerly, that of theym he chose bysshoppes, prestes, and deakenes, to offer specyall sacrefyces for the clen synge of theyre synnes / and to be as meanes betwene hym & thē. Note of whom also Moy= ses toke the noble & wyse men/ & made of thē prices, captayns and gouernours, for theyre po lytyke conseruacion. Agreable to this the storyes of Iudicum make mencion, that the people of Isra

of Iſrahell longe ſeaſon after
Joſues death obſeruyng god-
dys lawes and fulfyllyng hys
commaundemẽtes pꝛoſperyd
in peace and hadde gracyous
gouernours. But whẽ they fel
to ſynne ⁊ ydolatry: god gaue
them in to ſubieccyon of theyꝛ
enemyes/and were compellyd
whether they wolde oꝛ not to
ſerue hethen pꝛyncys and myſ
creaũt ydolaters/ yet notwyth
ſtandynge in myddys of theyr
myſeryes, where as wyth a re-
pentaũt hart they cryed to god
foꝛ ſocour, and beſought hym
of mercy: he rayſde vp among
thẽ ſelues certayne captaynes
at ſõdꝛy tymes/as Othonyell,
Ayoth, Gedeõ, Sampſon, and
dyuers other/ whyche delyue-
red them from all bondage/ re
ſtoꝛynge

storyng thē agayne to theyr ly
berte. And where as ye allege
the chyldren of Helye to haue
bene cawse of the takynge of
the arke and slawghter of the
people: I beleue verely that yͭ
peple were then myscheuously
myndyd as they be nowe a da-
yes. whyche perceyuyng yͭ the
.ii. prestes yͭ bare yͤ arke wher-
by they hoppyd of victory, were
slayne: they surmysed that the
vengeaūce for the prestes syn-
nes was cawse why the arke
was takē and so moche people
destroyed. & vnder this blynde
audacyte they remayned styll
impenytēt/ not aknowlegyng
to god theyre owne offences &
ydolatrye: whych apperyth by
the returne agayn of the arke/
where aboue the nomber of. l.

thousande

thousande persons were pla-
gyd with sodayne deth. Also it
may be verefyed by yͤ wordys
of Samuell exhortyng the pe-
ple to returne vnto god wyth
harte vnfaynyd / and to caste
owte all straunge goddys, pre
parynge theyr hartys to yͤ ser-
uyce of god onely. For when
they hadde fastyd and done pe
nau̅ce, not imputynge yͤ fawte
to other but to the̅ selfs / sayng
all we good lorde haue synned
agaynst the: god delyuered the̅
from theyre enemyes. In lyke
maner yͤ mysorder of Samuel
hys sonnes was not so greatly
the occasyon whye the people
were mouyd to aske a kyng for
to reygne ouer theym / as was
theyr owne dyffydence toward
goddys ꝓuisio̅, obstynate dys-

obedyence, and vnquyete ap-
petyte of ydolatrye/couetynge
to be lyke other hethē nacyōs:
whyche is to be ꝑceyued by the
anſwere of god vnto Samuel
thus ſayng: Here the peoples
voyce in all thynges that they
ſpeke vnto the/they haue nott
caſt yͤ of but me, leaſt I ſhulde
reygne ouer thē. They do euē
accordyng to all theyr workes
whyche they dyd in the daye yͭ
I brought them out of Egypt
hytherto. As they haue forſa-
ken me & ſeruyd fals goddys/
thus do they alſo to the. when
Samuell hadde ſhewed vnto
them the dyſpleaſure of god,
wyth the manyfolde myſeryes
and calamytyes whyche they
ſhulde ſuffer by the chaunge:
yet wolde they not here hym/
but

but sayd that nedys they wold
haue a kynge ouer them as o-
ther people had. Furthermore
ye afferme yͭ yͤ people of Isra-
hel were punyshed for the dyso
bedyent transgressyon of kyng
Saull. But all thynges consy
dered yt ys to be thoughte ra-
ther that their wylful froward
nes agaynst god was partely
occasyon of hys fall/to thentēt
the sentence of god spoken by
yͤ prophet myght be verefyed.
For yf he had bene an vpright
prynce & had obserued goddes
commaundement: they shulde
haue bene in such felycyte that
they wolde haue iuged theyre
petycyon lawfull in demaun-
dyng a kynge cōtrary to god-
dys pleasure. And I dowt not
but god gaue them a kynge of

dyſpoſycyon lyke to theyꝛe de-
meanoure / ſo ỷ when he tranſ
greſſyd goddys p̄cept in dede/
they dyd the ſame, at the laſte
ī wyll ⁊ cōſent/wherby they de
ſeruyd to be punyſſhed wyth
hym. Foꝛ god neuer taketh vē
geaunce apon ony people but
onely foꝛ theyꝛe ſynne/whyche
after dyuers admonyciōs why
les they wyll not amende / euē
as he gyueth to the good peo-
ple gracyous heades and pꝛyn
ces, furtheryng them in his fa
uour to theyꝛ ꝯfoꝛt: ſo ſendeth
he to the euyll wyckyd heades
⁊ rulers, pꝛouoking his wꝛath
to theyꝛ deſolaciō. And no mer
uell thoughe Saull faryd the
woꝛſe foꝛ hys people/ wher as
Moyſes the moſt faythfull ſer
uaunte of god was partely by
theyꝛ

their frowardnes debarred frõ
the pleaſaunt lande of beheſt.
As for kyng dauyd, it is playn
that god dyſpleaſyd wyth the
chyldern of Iſrahell for theyr
ſynnes: ꝑmyttyd Sathã to in
cyte hym for to nõber hys peo
ple, wherfore they were bothe
punyſſhed. And though ſcryp-
ture expreſſely ſaythe that Hie
roboã cauſyd yͤ peple to ſynne:
yet were they as mich fauty as
he/ſaue yͤ because they cõmyt-
ted theyre ydolatry vnder hys
ſupportacyon, he bare yͤ name
as pryncypall auctor: as we ſe
yͤ captayns of hoſtes in warre
tyme thoughe ſome of them do
ſometyme as lytell or leſſe thã
many a poore ſouldyer in hys
armye whoſe acte is nothynge
ſpoken of/yet all the fame and

honour of the vyctoꝛy redown
dyth euer vnto them. whych is
apartely pꝛouyd by the oꝛacyõ
of king Abya Roboams ſone/
laynge to the peoples charge
that they foꝛſoke god ⁊ made
them goldẽ calues/ expulſyng
the pꝛeſtes ⁊ deakenes of god-
dys oꝛdynaunce, and inſtytu=
tynge other after the oꝛder of
hethen ydolaters. wherto agre
eth in defence of myne opyniõ,
the generall confeſſyon of the
people wyth theyꝛe vnyuerſall
ſubmyſſyõ i knowlege of theyꝛ
treſpaces, recyted i ſondꝛy pla
cys of ſcrypture after thys foꝛ
me: we haue ſynned wyth our
foꝛefathers/ we haue done wyc
kedly, ⁊ haue cõmytted iniquy
te/ all we haue trãſgreſſyd thy
commaundementys. And ſure
ly as

ly as the worlde is nowe cro-
kedly enclyned to malyce: yf
god ſente heades and pryncys
accordyng to the deuelyſſhe ap
petytes of mych peple/ the welth
of this regyō wold be ſone ſub
uerted & euerye ſtate broughte
to confuſyon, albeit they other
wyſe coloure yt and make as
though they ment non harme,
but rather mych deuocyon/ & that
the vnlerned wolde haue the
ſcrypture in to theyre handys
for none other cauſe but onely
to preche ſecretly to them ſelfe
for lacke of good preachours
abrode. But then in dede yt ap
peryth that they preach to thē
ſelf and theyr neyghbours to,
many an horryble hereſye, and
abuſe the ſcrypture to the colo
rable defence of the ſame. And
then

then are they also to, all Tyn-
dals bokys/whych for the ma-
nyfolde mortall heresyes con-
teyned within the same open-
ly condempnyd and forbeden/
they are I saye yet vnto those
bokes so sore affeccionate, that
neyther the condempnacyō of
them by the clergy, nor the for
bedyng of them by the kyngys
hyghnes with his open procla
macyōs vppon great paynes/
nor the daūger of open shame,
nor parell of paynfull deth/cā
cast thē out of some fond folkis
handes, and that folke of eue-
ry sorte. Howe thynke ye then
these folke wold haue bene sto
maked, & how many mo wold
haue blustred owt with them/
yf the mayntenaūce of the pryn
ces and the states of the reame
(whyche

(whych our lorde defende) had
bene vppon theyre syde. And
where abowt wolde they then
haue gone? abowte no great
good ye maye be sure. Se ye
not the vyllayne beggers and
valyaũt vagaboũdes, whom
god plageth with pouerte and
myserye for theyr abomynable
lyuynge / dysposed to no good
nes, howe hartely they wysshe
for a russelynge daye. Beholde
euery state all moste in euery
crystẽ realme, as husband mẽ,
artyfycers, marchaunts, cour-
tyers, wyth all other degrees
as well spyrituall as tẽporall /
& I fere me that ye shall saye,
but yf god of hys goodnes a-
mẽde vs the soner / there shall
come to passe amonge vs the
ferefull iugemẽt of god spokẽ
b by the

by the prophete Oſee, to the
people of Iſrahell and inhaby
ters of the lande: There is no
trothe, no mercye, nor ſcyence
of god in the yerth. Curſynge
⁊ lyenge, manſlaughter, theft,
and aduowtrye hathe ouer flo
wen / ⁊ bloode hathe towchyd
bloode: for the which the yerth
ſhall wayle, and euery inhaby
ter in yt ſhall be feeblyd. And
thys as I haue ſayde not one
contrey fawty ⁊ a nother fawt
les, one eſtate fowle and defor
med and a nother pure ⁊ clene,
the ſpyrytualtye ſynfull and ye
temporaltye ſet all on vertue,
the heades ⁊ rulers culpable ⁊
the people owt of blame, nor yt
ony eſtate maye laye the hole
weyght of goddes wrath vnto
the other and therof diſcharge
them

them selfe/but eche of them ys
cause both of theyr own harme
and other folkys to. And the
people are nothynge lesse faw=
ty prouokynge the wrathe of
god, than theyre heades or go
uernoures/nor one state party
culerly cawse of a nothers ca=
lamyte. But all we togyther
haue synned & haue deseruyd
the vengeaũce of god, whyche
hangyth before our eyes redy
to fall ere we be aware. ☞ N.
In thys poynte ye haue ryght
well satysfyed my mynde: but
what remedye now of reconcy
lyacyon agayne to god? ☞ W.
Forsothe I knowe none but
onely penaunce. I saye not re=
pentyng onely as Luther and
Tyndall and these new folkes
call yt/which wolde begyle vs
and

and make vs wene yͭ we nede
no more but onely repent and
do no penaunce at all / tellyng
vs that Crystys passyon shall
stand in stede of all our penaũ
ce, though we do neuer so euill
and lyue neuer so longe. wyth
thys false doctryne they dryue
many a soule to the deuyll / ma
kynge theym neglygente and
take lytell care or sorowe for
theyre synne / and so myche the
more rechelesse in fallynge to
synne agayne. But I speke of
penaunce as yt implyeth both
repẽtaũce of our synnes past / &
yͤ sacrament of penaũce, wyth
care & sorow and bodely payn
& afflyccyõ taken for our syn,
wyth prayer, almouse, & other
good workys to purchase the
more grace / & yͭ we shuld wyth
recourse

recourse to confessyon & the sa
crament of penaũce, dylygẽtly
prepare our selues in folowĩg
the exãple of the Nynyuytes:
whyche at the preachynge of
the prophete Jonas, repentyd
wyth ernest purpose of amen=
dynge theyr lyues/and dyd pe
naunce in deede, in fastynge
and prayer, humblynge theyre
sowles frome the moste to the
least vnto the mercy of god.
☞ N. wolde our lorde that we
had such a ꝓphete sent among
vs to exhorte vs vnto penaũce
as the prophete Jonas was to
theym. ☞ W. That were lyke
to the request of the ryche glut
tone in hell of whõ the gospell
telleth/whych desyred that La
zare myghte be sente to warne
hys brethern: to whom yt was

answeryd, that hauynge Moy
ses & the prophetes, they shuld
gyue credence to theym. wher
fore seynge that we haue holy
scrypture which expressyth the
rightwysnes of god/declaring
howe our forefathers were pu
nysshed for theyr synnes: yf we
refuse to be warnyd by theyre
admonycyon, truely we wolde
be as neglygent to amende, yf
Jonas raysed frō death to lyfe
shulde preache vnto vs. For
we haue saynt Johñ baptyst a
greater ꝓphete thā Jonas was
cryenge to all synners: Do ye
worthy frutes of penaunce: of
whom Cryste wytnessyth that
there ys none greater than he
amonge the chyldrē of womē.
Also oure saueour Cryste hym
self, of whom saynt Jhoñ testy
fyed

ſyed that he was vnworthy to
loſe his ſhoo latchet: preachyd
penaunce ſaynge: Do ye pe-
naunce, the kyngdome of he-
uyn is at hande. And in a no-
ther place of the goſpell he
ſayth: yf ye do not penaunce ye
ſhall all peryſſhe. And ſaynte
Peter his vycare here i yerth,
vppō whom and whoſe fayth
full confeſſyon he promyſed to
bylde hys church: preachyd ly
kewyſe in hys fyrſte ſermone
ſayng: Do ye penaũce and be
conuertyd to god, that youre
ſynnys maye be done awaye.
Alſo ſaynt poule the choſē veſ
ſell of god, preached fyrſt of all
to them of Damaſco, that they
ſhuld be penytent and turne to
god/ꝑfourmynge the due war
kes of penaunce. Cōfyrmynge
the ſame

the same when Cryst apperyd vnto the.ii.dyscyples iorneing to Emaus: he sayd yͤ after his death and resurreccyon yt be-houyd penaũce to be preachyd in hys name and remyssyon of synnes: for why yͤ cause of his comynge was not to call ryghteo9 folk but synners vnto penaunce. And the aungellys of heuyn reioyced not so greatly in nynty & nyne iuste persons, as vppõ one synner doyng penaũce. As concernyng the olde testament / god hym selfe promyseth in dyuers placys, that a synner shall be forgyuen hys synnes whẽ so euer he wyll do penãce. wherfore seig we haue so euydẽt exhortacyõs of scrypture mouynge vs to penaũce, and manyfolde warnynges to

correcte

coꝛrecte our lyues thꝛough the
the pacyent sufferaunce of god:
happy ar we yet, yf now at last
ere that yt be to late we cowde
faythfully say wyth Jobe per=
fourming yͤ dede: loꝛd we haue
hard yͭ wyth oure eares, ⁊ ther
foꝛe we rep̄hēde our selfes ⁊ do
penaūce. ☞ N. yet wote J not
well what ye call penaunce.
☞ W. J haue onys told you ⁊
yet J tell you agayn J call pe
naūce a chaūge of our lyfe ī ca=
styng of yͤ synfull old mā with
hys dedys, and doynge on a
new man of vertuous conuer=
sacyon/whiche by fayth, hope,
and charyte, and the good woꝛ
kes yͭ come of them/as pꝛayer
almouse, soꝛow foꝛ hys synne,
and payne gladly taken and
susteyned foꝛ the same/ys re=

 newed

newed in to the knowlege and
fauoure of god, accordynge to
hys ymage that made hym.
☞N. how ſhuld laye mẽ come
to thys knowlege when ẏ goſ=
pell ys lockyd fro them. ☞W.
The goſpell of Cryſte whyche
ys goddes worde is free, and
can not be boũde nor kepte frõ
any Cryſten man. ☞N. By
ſaynt Marye for all that laye
people maye not be ſuffred to
haue the newe teſtament in en
glyſſhe, whyche I call the goſ
pell. ☞W. O ye meane Tyn=
dals goſpell. ☞N. In dede
though Tyndall was the trãſ
latour/ yt ys the worde of god
and the verye ſame teſtament
whyche ye haue in latyn of the
euangelyſtes puttynge forth.
☞W. yet lernyd mẽ and good
men

men haue founden suche faw=
tys in hys corrupt translació:
that yt ys for the same well &
lawfully forbedē. ☞ M. yf they
be good men as ye saye yͭ haue
founde yt fauty: I shuld reken
thē better a great deale/ whych
wold amēde it. ☞ W. Though
yt were amēdyd & suffycyently
correctyd: yet wyll I not say yͭ
yt ys expedyent for lay people
to haue yt, cōsyderyng yͤ tyme
as yt ys nowe. ☞ M. whye ye
sayd yͭ the gospell maye not be
kept frō crysten mē. ☞ W. No
more yt maye though yt be re=
strayned frome the laye people
in theyr vulgare tonge. For yͤ
worde of god whyche ys the
worde of faythe as scrypture
sayth/ is nere the in thy mouth
& in thy harte to thentent thou

maysste do yt. ☞ N. Than I praye you where saynt Poule sayth that fayth comyth by herynge, and herynge comyth by the worde of god: how can we haue yt wythout prechynge or informacyon of yt by redynge of scrypture. ☞ W. Outwarde prechyng and lyterall redyng of scrypture are necessary meanes to attayne vnto the knowlege of the spyryte. ☞ N. wherfore then ys the gospell wythholden frome the laye people? ☞ W. I sayd they be two thynges necessary/but I sayd not that bothe twayne be to euery man necessary. But yt is necessary that euery man haue the tone or the tother, and so haue they: for they haue the worde of god prechid & expowned vnto them.

to the.☚ N. ye as the pꝛeſtes
lyſt wythe falſe gloſes. ☞ W.
wyth the ſame gloſes that the
olde holy doctours ⁊ ſayntys
haue made/other maner of mē
thā Luther ⁊ Tyndale, whych
now coꝛrupt the trewth wyth
theyꝛ falſe gloſes.☚ N. But
why ſhuld not the comē peple
haue the ſcrypture them ſelf in
theyꝛ awn mother tong? ☞ W
Becauſe of theyꝛ abuſe ⁊ ma-
kyng of theyꝛ awne gloſys, ⁊
many alſo foꝛ theyꝛ vnwoꝛthy
nes, accoꝛdynge to Cryſtes cō
maundement foꝛbeddynge to
caſt perles befoꝛe ſwyne, oꝛ to
gyue holy thyngis to dogges.
Dyd not ſaynt Paule foꝛbede
women to ſpeake the woꝛde of
god in congregacyons, foꝛ the
auoydyng of abuſe and dyſoꝛ

der ¶ Also dyd not he and Bar
nabas forsake prechyng to the
iewes, because of theyr vnwor
thynes ¶ ☞ N. That is not a
lyke case: for the text is playn
ẏ the iewes wylfully resystyd
the worde of god, and wolde
not receyue yt. But these peo-
ple are so desyrous / that they
putte theym selfes in no small
ieopardye many tymes for the
hauyng of yt. ☞ W. I graunt
there be some which of a good
mynde are desyrous to haue the
gospell in theyr mother tōge,
for ẏ erudyciō & cōfort of theyr
soules. But they that be suche
good folk may be wel & suffici
ētly fed with ẏ gospell ꝑched/
& so wyll they rather chese to
be, than to haue the scrypture
ronne in euery rasshe bodyes
hande

hande, ỷ wold abuse it to their
awne harme and other mēnys
to. For well ye wot many ther
be, and as yt apperethe in Al-
mayn where they haue the scri
pture translated all redy / the
more parte and farre the grea
ter multytude, are not lesse vn
worthy in receyuynge yt, than
were the iewes in the wylfull
resystaūce of Crystes gospell:
whych couet it onely for the ly
bertye to be fre from the excer
cyse of penaunce and doyng of
good workes, to rayle and iest
of other mennes fawtes wyth
out any correcciō of theyr own
synfull lyues/nothyng confor
mable to the vertew of the gos
pell, whereof to bable many
wordes they are not dombe.
Mark it there substauncyally

in cyties and townes where ye
ſe yͤ people moſt ryfeſt & moſte
buſye to prate of the goſpell/
whether they be or not/as gret
vſurers, dyſceyuers of theyre
neybours, blaſphemous ſwe=
rers, euyll ſpekers, and gyuen
to all vyces as depely as euer
they were. Thys I am ſure of
and dare boldely afferme/that
ſythe the tyme of thys new cō=
tēcyous lernyng, the drede of
god ys gretely quenched, and
charytable cōpaſſyon ſore aba
bated. Shall ye not ſe there a
cock braynyd courtyer yͤ hath
no more faythe thā a Turk, &
leſſe cryſten maners thā a Pa
gane, with lordely coūtenaūce
& knauyſh condycyons/which
takyng yͤ name of god ĩ vayn,
ſhall vnreuerently alledge the

goſpell

gospell with scoffyng and scor
nynge in reprehensyon of the
clargye: where as hys owne
lewd lyuynge is so vnthryfty,
that ye can not aspye one good
poynt in hym, except yt be apō
hys hosen/nor a nynche of ho-
nesty besyde his apparayle nor
scantly theron neyther, beyng
all to hackyd & iaggyd, wyth
dowble weapen redy to fyght,
and syngle wyt busy to brawle
and chyde/ more lyke a furyo⁹
tormentour of Herode, than a
pacyēt dyscyple of Cryst. Shal
ye not also se there a marchaūt
perauēture made a gentyll mā
by promocion, ere euer that he
had a good yemās condicyōs:
whych gettynge hys chefe sub
staunce as many do there by

vsury / false dysceyte of trewe
people, and other wrongfull
wayes/wyll take apon hym to
preache the gospell agaynste
the auaryce of relygyous per=
sones/how they hauyng theyr
bare necessary foode, ought to
parte yͤ resydue of theyr good=
des wyth pore peple: where as
he hym selfe hath thousandes
lyenge by hym in store vnoccu
pyed, and wyll nother help his
poore neyghbour nor scarcely
gyue a galy halpeny to a nedy
creature in extreme necessyte.
And at theyr belly festig days,
amonge such of theyr affynyte
which are not so wyse nor well
lernyd as they wolde be sene/
yf yt chaunce them to haue in
companye some symple preste:

yt ys

yt ys a wonder to here how he
ys appoſed/⁊ after that theyre
ſpyrytes be a lytell kyndled in
glotony, howe they laſſhe out
the goſpell. Than begynneth
one or a nother wyth hys poty
carye formalyte and holy daye
grauyte/to moue ſome ſubtyle
queſtyõ ſayng: mayſter perſon
howe ſay ye to ſuche a texte of
Poule? And yf yͤ preſte be igno
raunt for lacke of lernynge, or
makyth not an anſwere ſatyſ=
fyenge hys mynde: he ys moc=
kyd and ieſtyd apon wyth ſcor
nefull deryſyon. Then begyn
they to canuaſſe the ſcrypture
amonge theym, wyth fyllynge
the cuppes ⁊ ioly gentyl chere.
And by yͤ tyme they haue eatẽ
more than ynoughe, and haue

 dronken

dꝛonken to moch :they be redy
to wade foꝛth in yͤ depe myſte-
ryes of ſcrypture/ wyllynge to
be teachers of thynges wherof
they vnderſtāde not what they
ſpeke noꝛ what they afferme.
¶Then are they full armyd to
talke of abſtynence and ſobꝛe
dyet of thappoſtles:their table
beynge furnyſſhed wyth ſump
tuous dyſſhes and exquyſyte
deyntyes. And where as theyꝛ
cuppboꝛdes be ryally garnyſ-
ſhed with coſtely plate, and the
tables full of cuppes and pe-
ces of ſyluer and golde: than
make they exclamacyōs agaīſt
the rych iewellys of chyꝛches,
as croſſes and chalyſes/ſayng
that better it were to make mo
ney of them and to be dyſtribu

tyd vnto

tyd vnto pore peple, than they shulde perysshe for lacke of socoure. Lykewyse when they be seruyd at theyr solempnytyes, wyth counterfeyted curtesyes, in bowynge the kne, & valyng the bonet, hauyng sewers and and karuers after a moste stately maner of seruyce, wherin yf the offycers fayle neuer so lytell though yt be but the settynge of a sawcer amysse they shall be rebukyd: yet theyr peuysh pacyence can not brooke the honeste ceremonyes of the churche to be lawdably done/ callynge theym folysshe fantasyes & inuencyons of ydyotes. And though some of these new gospellers occupye trewelye and iustly wyth theyre neygh-

 bours

bours in face of the worlde, be
hauynge them selfes charyta-
bly: yet are they very few in cō
paryson of the other, whyche
be raylers & gesters, vycyous
lyuers & fals hypocrytes wyth
owt ony conscyence. ☞ N. As
for hypocrytes I thynke ye
myght fynde soner amonge re
lygyous persons. ☞ W. wyll
ye beleue me. I haue walkyd a
great parte through owte all
the prouynces of crystēdome,
and haue sene and marcked
the state of relygyous persons
of dyuers orders: yet sawe I
neuer amonge them suche co-
louryd hypocrysye, so flesshely
lybertye abusyd, vnder yͤ pre-
tence of fayned holynes / as a-
monge many of these late in-
uentyd

uentyd faccyons. And I cer-
tyfye yow that ye maye fynde
mo dyuers sectys of erronyous
oppynyons among them in one
cyte beyonde the se: than be son
drye orders of religyous peple
in all Englonde. ☞ N. Sup-
pose ye yͤ gospell to be in faute
of thys? ☞ W. Naye / but the
abuse of the people hauyng yt
in theyr vulgare lãguage: for
whome yt were better to recey-
ue yt by the mynystracyon of
faythfull preachers, than vn-
worthely to take it them selfs.
We haue in the gospell yͭ oure
sauyour Cryst redynge the nõ
ber of. v. thousand men besyde
women and chyldren / fyrst gy-
uyng thankys to his father he
blyssed the breade, brake yt &
gaue

gaue yt to hys dyscyples, and
they dystrybutyd yt to the com
pany/and so they dyd eate and
were sacyate. ☞ .x. Syr ac=
cordyng to thys yͤ peple shuld
holde them very well content,
yf so be they had faythfull pre
chers to mynyster the worde of
god vnto thē. But I put case
they haue none, or ellys that
theyr peachers be suche as the
ꝓphete cōplayneth on / whych
preache yͤ vysyō of theyr hart
& not of yͤ mouth of god: seking
also theyr owne worldly prof=
fyte, and not the gostly cōfort
of theyr cures. ☞ .xi. I beleue
yͭ god hath not lefte his chyrch
destytute of faythfull prea=
chers/wyth the whych he hath
ꝓmysed to be contynually pre
sent

ſent vnto the worldys ende.
How be yt the fewer that they
be/ the more fawte is to be im=
puted vnto the peple, becawſe
they aſke not worthely of god
trewe preachers. For the goſ=
pell ſheweth that the people
came fyrſt to Cryſt/ and he per
ceyuyng thē was mouyd wyth
compaſſyon vppon theym, be=
cawſe they were as ſheepe ha=
uynge no hearde/ and ſo fea=
dynge theyr ſowles ſpyrytual=
ly, afterwarde he dyd repaſte
theyre bodyes wyth corporall
foode. wherfore yf they in lyke
maner approche vnto Cryſte
(in whoſe name what ſo euer
is deſyred of the father ſhall be
graūtyd) he wyll alſo here gra
cyouſly theyr petycyon: for the

hande of god is not abreuyate
nowe / nor hys power other
wyse mynysshed than yt was
at that tyme. ☛ M. . yet am
not I so satysfyed wyth all the
reasons y^t ye haue made/but I
thynke styll that yt were law=
full for laye people to haue the
new testament in Englysshe: &
perauenture wyth a lytell ley=
ser I cowd lay suche scrypture
for yt/that scant ye shuld be a=
ble to obiecte ony contradyc=
cyon. ☛ w. ye shall haue ley
ser ynowgh. But in the meane
tyme thys ye must consyder, y^t
our question is not whyther it
be lawfull to let them haue yt/
but whyther yt be vnlawfull
to kepe them from it/and why
ther of the twayn is more mete
and

and more expedyent, specyally
for the tyme that nowe ys the
peple beynge dysposed as they
now be / and after suche ensam
ple as we see before oure iyen,
with suche fruyte as we fynde
growē therof in Almayne all
redy, and in many placys euyn
here at home also. But yf euer
the tyme come as I praye god
yt may / in whyche the people
shall be so good and so godly
dysposed that an englyshe by
ble shuld do good in theyr han
des: yet myght Tyndals trans
lacyon in no wyse be suffered.
☙ N. well I shall bethynke
me tyll we mete agayne / and
then wyll I be so bolde also to
take Tyndals parte in defēce
of hys translacyon and other

bokys which he hath put forth
in englysshe, allegyng the best
that I can for theyr alowance:
to thentent I maye see what
stronge reasons ye can brynge
to cõfute them. ☞ W. Ther
wyth am I ryghte well
pleasyd / and I trust
with goddes help
to answer you
so effectuou
sly, that
ye shall not counte the
tyme
passed in
vayne. ☞ N.
Than fare ye well tyll
a nother season. ☞ W.
Oure lorde be wyth yow. ☞

¶ Finis.

¶ Prynted at London in Fle-
testrete agaynst the cou-
dyte the 28 daye of
July the yere of
oure lorde.
1531
By wyllyam Rastell
wyth
the pryuy
lege of our so
uereyn lord kyng
Henry yͤ .viii. yͭ no mā
prynt yͤ same agayn withī
yͤ space of .vii. yere next ēsuing.